推动长三角区域医养结合养老服务链式发展研究

杨 哲 著

吉林大学出版社

·长春·

图书在版编目(CIP)数据

推动长三角区域医养结合养老服务链式发展研究 /
杨哲著. —长春：吉林大学出版社，2023.5
　ISBN 978-7-5768-1721-8

Ⅰ.①推… Ⅱ.①杨… Ⅲ.①养老－社会服务－研究－中国 Ⅳ.①D669.6

中国国家版本馆 CIP 数据核字(2023)第 097591 号

书　　名：推动长三角区域医养结合养老服务链式发展研究
　　　　　TUIDONG CHANG-SANJIAO QUYU YI-YANG JIEHE YANGLAO FUWU LIANSHI FAZHAN YANJIU

作　　者：杨　哲
策划编辑：刘子贵
责任编辑：安　斌
责任校对：周春梅
装帧设计：海之星电脑图文
出版发行：吉林大学出版社
社　　址：长春市人民大街 4059 号
邮政编码：130021
发行电话：0431－89580028/29/21
网　　址：http://www.jlup.com.cn
电子邮箱：jldxcbs@sina.com
印　　刷：天津和萱印刷有限公司
开　　本：787mm×1092mm　　1/16
印　　张：12.5
字　　数：200 千字
版　　次：2023 年 5 月　第 1 版
印　　次：2023 年 5 月　第 1 次
书　　号：ISBN 978-7-5768-1721-8
定　　价：68.00 元

版权所有　翻印必究

前　言

长三角区域医养结合养老服务链式发展若被视作一个协同共生发展的复杂系统，那么浙江省、江苏省、安徽省以及上海市则可被视为复杂系统中四个单独的共生子系统，共生子系统内部运行复杂，各子系统之间交往频繁。本书基于协同理论和共生理论，采取层次分析法、模糊综合评价法以及比较分析法等方法对长三角区域医养结合养老服务链式发展进行研究。依据"搭链—串链—卡链—呈链—整链—展链—借链—强链"的研究进路来揭示复杂系统以及共生子系统的运行规律。研究发现：

第一，长三角地区是国家的重要发展战略区域，国家对长三角区域协同发展给予政策支持。目前，长三角区域人口老龄化已进入了一个快速增长期，区域内老人对养老服务的需求和医疗服务的需要不断叠加，但区域养老资源和医疗资源分布不均衡，加上医养专业复合型人才欠缺，导致区域医养结合养老服务发展受阻。为此，三省一市聚焦医养结合服务标准互认、区域内老年数据互通以及区域内养老人才共享出台系列支持政策，共同探索建立医养结合养老服务共建机制，从而为长三角区域医养结合养老服务共生链平台的搭建奠定坚实的基础。

第二，在长三角区域医养结合养老服务合作的推进中，面临宏观层面和微观层面双重困境。宏观层面体现在长三角区域医养结合养老服务顶层设计不足、长三角区域医养结合养老服务信息网络搭建不完善、长三角区域医养结合养老服务标准不统一难以形成利益分享机制，以及长三角区域医养结合养老服务长期照护资本投入不够等。上述问题是长三角区域医养结合养老服务协同链构建受阻的宏观约束因素。为了进一步探究影响长三角区域医养结合养老服务链式发展的微观层面因素，本书从长三角区域医养结合养老服务链联动发展指标体系的构建机理出发，筛选出长三角区域医养结合养老服务链联动发展测度指标，对长三角区域医养结合养老服务联动发展进行实证研究。实证研究得出的结果有三方面：其一是长三角区域医养结合养老服务链整体联动不畅及区域医养资源整合效率较低，亟须营造区域医养结合养老服务友好环境，提高区域内医养资源整合效能。其二是区域内医养结合养老服务内容、项目等未标准化、未统一。其三是长三角区域医养结合养老服务市场链协作有障碍。长三角区域经济发展水平、老龄人口分布不均衡以及医养结合需求度存在差异导致医养结合养老服务市场链协作具有差异，难以快速实现长三角区域医养结合养老服务链联动发展。

第三，长三角区域医养结合养老服务资源链整合的目的在于把有限的养老资源和有限的医疗资源进行合理整合，实现长三角区域内养老服务与医疗服务双重嵌入，同时长三角区域医养结合养老服务资源链整合还可以缓解长三角区域内医疗资源紧缺的压力。因此，长三角区域医养结合养老服务资源链整合是区域老年群体对健康养老需求的必然选择。实证研究发现，长三角区域三省一市医养结合养老服务各子系统内资源整合水平差距颇大，同时区域内两两复合系统协调性不佳，两两复合系统资源整合水平处于无序发展，水平较低。研究还发现长三角区域在医养结合养老服务协同治理层面有了一定的成效，但长三角区域医养结合养老服务资源链整合水平低，需要更进一步规划推动。

第四，长三角区域各城市积极探索和发展医养结合养老服务模式，这为长三角区域医养结合养老服务链式发展奠定了基础。研究发现，长三角区域医养结合养老服务模式有四种典型模式，分别为社区嵌入式医养结合养老模式、辖区内"1+1+X"式医养结合养老模式、医养结合机构互嵌养老服务模式及智慧医养结合养老服务模式。与此同时，学习和借鉴京津冀地区的医养结合辐射型模式经验、川渝城市群的医养结合服务协同发展实践经验以及我国港澳地区的医养结合内生型协同发展模式经验，还可以拓宽长三角区域医养结合养老服务链发展方面的思路。

前　言

综上，长三角区域医养结合养老服务链式发展需要健全区域协调合作机制，统一区域医养结合养老服务内容、完善区域医养结合养老项目服务标准，加快发展长期护理保险制度，推进医养结合养老服务信息化建设以及构建医养结合养老服务的共享机制。

Abstract

If the chain development of integrated medical care and old-age care services in the Yangtze River Delta region is regarded as a complex system of collaborative symbiosis development, then Zhejiang Province, Jiangsu Province, Anhui Province and Shanghai can be regarded as four separate symbiosis subsystems in the complex system. The internal operation of the symbiosis subsystem is complex and the communication among subsystems is frequent. Based on the synergy theory and symbiosis theory, this book adopts the methods of hierarchical analysis, fuzzy comprehensive evaluation and comparative analysis to study the chain development of integrated medical and nursing care services in the Yangtze River Delta region. According to the research approach of "link chain—string chain—card chain—present chain—whole chain—spread chain—borrow chain—strong chain", the operation law of complex system and symbiotic subsystem is revealed. The study found:

First, as an important strategic region for national development, the Yangtze River Delta region has received policy support from the state for its coordinated development. At present, the aging population in the Yangtze River Delta region has entered a rapid growth period, and the elderly in the region's demand for old-age care services and medical services are constantly superimposed. However, the unbalanced distribution of regional old-age care resources and medical resources, coupled with the lack of compound medical

Abstract

and nursing professionals, have led to the development of regional medical and nursing combined old-age care services. To this end, the three provinces and one city have issued a series of supporting policies focusing on the mutual recognition of service standards for the combination of medical care and old-age care, intra-regional elderly data interchange, reimbursemnet of medical insurance in different places within the region and intra-regional sharing of old-age care talents, and jointly explored the establishment of a co-construction mechanism for the combination of medical care and old-age care services, thus laying a solid foundation for the establishment of a symbiosis chain platform for the combination of medical care and old-age care services in the Yangtze River Delta region.

Second, in the steady promotion of the cooperation in the combination of medical and nursing services for the elderly in the Yangtze River Delta region, the region faces dual difficulties at the macro and micro levels. At the macro level, it is reflected in the insufficient top-level design of the combined medical care and old-age care services in the Yangtze River Delta region, the imperfect construction of the information network of the combined medical care and old-age care services in the Yangtze River Delta region, the service standards of the combined medical care and old-age care services in the Yangtze River Delta region are not unified and it is difficult to form a benefit sharing mechanism, as well as the insufficient capital investment in long-term care services in the Yangtze River Delta region. The above problems are the macro constraint factors that hinder the construction of the synergy chain of medical care combined with elderly care services in the Yangtze River Delta. In order to further explore the micro-level factors affecting the chain development of medical care combined with old-age care services in the Yangtze River Delta region, starting from the construction mechanism of the linkage development index system of medical care combined with old-age care service chain in the Yangtze River Delta region, the measure index body of the linkage development of medical care combined with old-age care service chain in the Yangtze River Delta region was screened out, and the linkage development of medical care combined with old-age care services in the Yangtze River Delta region was empirically studied. The results of the empirical study have three aspects: First, the overall linkage of the service chain of the combination of medical care and old-age care in the Yangtze River Delta region is not smooth and the efficiency of regional integration of medical care and old-age care resources is low, so it is urgent to build a friendly environment of regional medical care and old-age care services to improve the efficiency of regional integration of medical care and old-age care resources. Second, the contents and projects of the combined medical and nursing services for the elderly within the region are not standardized and unified. Third, there are obstacles in the market chain cooperation of combined medical and nursing services for the elderly in the Yangtze River Delta region. The economic development level, the unbalanced distribution of the elderly population and the difference in the demand degree of the combination of medical care and old-age care in the Yangtze River Delta region lead to the differences in the cooperation of the market chain of the combination of medical care and old-age care service, and it is difficult to realize the linkage development of the combination of medical care and old-age care service chain in the Yangtze River Delta region faster.

Third, the integration of medical care and old-age care service resource chain in the Yangtze River Delta region aims to reasonably adjust the limited old-age care resources and the limited medical resources, so as to realize the dual embedding function of old-age care service and medical service in the Yangtze River Delta region. Meanwhile, the integration of medical care and old-age service resource chain in the Yangtze River Delta region can also relieve the pressure of scarce medical resources in the Yangtze River Delta region. Therefore, the combination of medical care and old-age service resource chain integration in the Yangtze River Delta region is the inevitable

Abstract

choice for the regional elderly groups to meet the needs of healthy old-age care. The study shows that there is a large gap in the resource integration level of the sub-systems of the medical and nursing combined elderly care services in three provinces and one city in the Yangtze River Delta region. Meanwhile, the coordination of the pin-two complex system within the region is not good, and the resource integration level of the pin-two complex system is at a disorderly development and low level. The study also found that the Yangtze River Delta region has made some achievements in the collaborative governance of the combined medical care and old-age care services, the integration level of the resources chain of the combined medical care and old-age care services in the Yangtze River Delta region is low, which requires further planning and promotion.

Fourth, cities in the Yangtze River Delta region actively explore and develop the mode of combining medical and nursing care services for the elderly, which lays the foundation for the chain development of the combined medical and nursing care services in the Yangtze River Delta region. The study found that there are four typical modes of combining medical care and old-age care services in the Yangtze River Delta region, namely, the embedded mode of combining medical care and old-age care in the community, the "1+1+X" mode of combining medical care and old-age care services in the area under jurisdiction, the mode of combining medical care and old-age care services and the mode of combining intelligent medical care and old-age care services. At the same time, learning and referring to the experience of the radiation model of the combination of medical care and old-age care in the Beijing-Tianjin-Hebei region, the practical experience of the coordinated development of the combination of medical care and old-age care services in the Sichuan-Chongqing urban agglomeration and the experience of the endogenous coordinated development of the combination of medical care and old-age care services in Hong Kong and Macao can also broaden the train of thought on the chain development of the combination of medical care and old-age care services in the Yangtze River Delta region.

To sum up, the chain development of the combined medical care and old-age care services in the Yangtze River Delta region needs to improve the regional coordination and cooperation mechanism, unify the contents and improve the service standards for regional projects combining medical andnursing care, accelerate the development of the long-term care insurance system, promote the information construction of the combined medical care and old-age care services, and construct the sharing mechanism of the combined medical care and old-age care services.

目 录

1 导论 …………………………………………………………… (1)
    1.1 研究缘由与意义 ………………………………………… (1)
    1.2 文献综述 ………………………………………………… (3)
    1.3 概念界定 ………………………………………………… (22)
    1.4 研究路径 ………………………………………………… (26)
    1.5 研究方法 ………………………………………………… (27)

2 本研究的理论基础及分析框架 ……………………………… (29)
    2.1 理论基础之一:协同理论 ……………………………… (29)
    2.2 协同理论:长三角区域医养结合链式发展分析的契合性 … (34)
    2.3 理论基础之二:共生理论 ……………………………… (35)
    2.4 共生理论:长三角区域医养结合链式发展分析契合性 … (41)

3 搭链:长三角区域医养结合养老服务共生链连接 ………… (43)
    3.1 长三角区域医养结合养老服务共生链连接基础分析 … (44)
    3.2 长三角区域医养结合养老服务共生链连接机遇 ……… (50)
    3.3 长三角区域医养结合养老服务共生链连接平台逐步搭建 … (52)
    3.4 长三角区域医养结合养老服务共生链连接基质逐步完备 … (54)
    3.5 结语 ……………………………………………………… (56)

4 串链:长三角区域医养结合养老服务政策链联通 ……(57)

4.1 长三角区域医养结合政策发展历程 ……(57)
4.2 国家层面政策:医养结合中央政府政策支持 ……(59)
4.3 地方层面政策:长三角区域医养结合政策梳理 ……(62)
4.4 推动长三角区域养老服务一体化政策 ……(73)

5 卡链:长三角区域医养结合养老服务协同链构建受阻 ……(77)

5.1 长三角区域医养结合服务顶层设计不足 ……(77)
5.2 长三角区域医养结合服务信息网络搭建不完善 ……(79)
5.3 长三角区域医养结合养老服务标准不统一,难以形成利益分享机制 ……(81)
5.4 长三角区域医养结合养老服务长期照护资本投入不够 ……(83)
5.5 本章小结 ……(86)

6 呈链:长三角区域医养结合养老服务链联动发展实证分析 ……(87)

6.1 长三角区域医养结合养老服务链联动发展指标体系的构建 ……(87)
6.2 长三角区域医养结合养老服务链联动发展指标体系的选取依据 ……(88)
6.3 长三角区域医养结合养老服务链联动层次分析 ……(93)
6.4 长三角区域医养结合养老服务链联动模糊分析 ……(100)
6.5 本章小结 ……(106)

7 整链:长三角区域医养结合养老服务资源链整合水平实证分析 ……(108)

7.1 长三角区域医养结合养老服务资源整合的现状 ……(108)
7.2 长三角区域医养结合养老服务资源整合水平 ……(110)
7.3 长三角区域医养结合养老服务整合水平实证结果 ……(117)

7.4 本章小结 ……………………………………………………… (120)

8 展链：长三角区域医养结合养老服务实践及启示 ………… (122)
8.1 上海社区嵌入式医养结合养老服务模式实践 ………… (122)
8.2 杭州辖区内"1+1+X"式医养结合养老服务模式实践 … (127)
8.3 南京医养结合养老服务机构互嵌养老服务模式实践 … (131)
8.4 合肥智慧医养结合养老服务模式实践 ………………… (136)
8.5 启示 ……………………………………………………… (140)

9 借链：典型区域医养结合养老服务协同发展的经验参鉴 … (144)
9.1 京津冀地区的医养结合辐射型协同发展模式 ………… (144)
9.2 川渝城市群医养结合服务协同发展实践 ……………… (147)
9.3 粤港澳地区的医养结合内生型协同发展模式 ………… (151)
9.4 典型区域医养结合养老服务发展的经验借鉴 ………… (153)

10 强链：长三角区域医养结合养老服务链式发展推动路径 … (155)
10.1 长三角区域医养结合链式发展需要健全区域协调合作机制
…………………………………………………………… (155)
10.2 长三角区域医养结合链式发展需要统一区域服务标准 … (157)
10.3 长三角区域医养结合链式发展需要加快发展长期护理保险
制度 ……………………………………………………… (158)
10.4 长三角区域医养结合链式发展需要推进信息化建设 … (159)
10.5 长三角区域医养结合链式发展需要构建共享机制 …… (161)

后　记 …………………………………………………………… (163)

参考文献 ………………………………………………………… (164)

1 导 论

1.1 研究缘由与意义

1.1.1 研究缘由

2014年5月，习近平总书记在上海考察时强调"继续完善长三角地区合作协调机制""努力促进长三角地区率先发展、一体化发展"，这为长三角一体化发展指明了方向。2018年11月5日，首届中国国际进口博览会在上海开幕，习近平总书记指出，为了更好地发挥上海等地区在对外开放中的重要作用，将支持长江三角洲区域一体化发展并将其上升为国家战略。2019年12月1日，中共中央政治局审议通过了《长江三角洲区域一体化发展规划纲要》[①]，其中把长三角一体化发展上升到国家战略层面，要求树立"一体化"意识和"一盘棋"思想，深入推进重点领域一体化建设。2019年11月，习近平总书记在上海考察时指出，长三角三省一市要增强大局意识、全局观念，三省一市要积极推动《长江三角洲区域一体化发展规划纲要》落实。2020年8月20日，习近平总书记在合肥主持召开扎实推进长三角一体化发展座谈会，强调要深刻认

---

① 《长江三角洲区域一体化发展规划纲要》对长三角民生领域的主要问题提出的原则性意见有三个层面：一是坚持民生共享。增加优质公共服务供给，扩大配置范围，不断保障和改善民生，使改革发展成果更加普惠便利，让长三角居民在一体化发展中有更多获得感、幸福感、安全感，促进人的全面发展和人民共同富裕。二是公共服务便利共享水平明显提高，基本公共服务标准体系基本建立，率先实现基本公共服务均等化，创新跨区域服务机制，推动基本公共服务便利共享。三是实施民生档案跨区查档服务项目，建立互认互通的档案专题数据标准体系。探索构建长三角基本公共服务平台，促进居民异地享受基本公共服务并便捷结算，推动实现资源均衡分布、合理配置。这三个方面的原则性意见为长三角区域医养结合养老服务链式发展指明了方向。

识长三角区域在国家经济社会发展中的地位和作用，结合长三角一体化发展面临的新形势、新要求，要坚持目标导向、问题导向相统一，紧扣"一体化"和"高质量"两个关键词抓好重点工作，真抓实干、埋头苦干，推动长三角一体化发展不断取得成效。

在长三角一体化逐步推进的大环境下，长三角区域养老服务的发展也日渐被重视。《长三角区域养老产业发展概览（2021）》指出，截至2020年年底，长三角区域常住人口约为2.35亿人，其中60周岁及以上老年人口为4786.25万人，占其人口总数的20%以上。从户籍人口规模来看，长三角区域户籍的老年人口总数已达到4789.01万人。从户籍人口老龄化水平来看，长三角地区60周岁及以上的人口老龄化水平中，上海最高，为36.1%；江苏其次，为23.5%；浙江第三，为23.43%；安徽最低，为17.1%。由此可以看出，长三角区域的老龄化程度较高、发展速度较快，该区域整体已经进入人口加速老龄化阶段。因此，推进长三角区域医养结合养老服务链式发展可提高社会养老资源、医疗资源利用效率，缓解区域老年人口的养老、医疗压力。

医养结合养老服务是将现代医疗服务技术与养老保障有效结合形成的新型养老服务模式，可以实现"有病治病、无病疗养"的目标。同时医养结合养老服务也是更好地缓解老龄化带来的养老压力，更好地满足不同老年群体、特别是高龄老年群体养老需求的一项重要养老创新措施。作为健康中国的重要举措，医养结合已被纳入《健康中国2030规划纲要》《"十三五"老龄事业发展和养老体系建设规划》和《"十三五"健康老龄化规划》。因此，随着长三角区域一体化国家战略和健康中国国家战略的不断推进，有效推动医养结合养老服务链式发展将成为解决长三角区域社会养老问题的有效抓手。

1.1.2 选题意义

第一，理论意义。长三角区域医养结合养老服务链式发展作为长三角一体化发展的重要内容之一，其理论意义表现在以下两个方面：其一是推动区域协同治理理论发展。长三角一体化发展战略是协调推进"四个全面"战略的重要实践，是区域协同治理的新理念、新思路和新模式。长三角区域医养结合养老服务链式发展作为解决长三角老龄化问题的新模式，能够创新发展养老服务领域的区域性协同治理模式，从而优化长三角区域养老服务资源的功能配置，使长三角区域老年群体养老需求得到有效满足，形成长三角养老服务业优势互补、互利共赢的新格局。其二是创新发展养老服务共生发展的新理念。在养老问题上，受传统观念和现实经济条件的影响，长三角区域家庭养老的方式依然是当前我国老年人养老的主要方式。由于医养结合养老服务机构的成本较高，使得相当一部分需要社会提供养老服务的老年群体望尘莫及。在此背景下，整合长三角区域资源推动医养结合服务发展，搞活长三角区域养老服务市场，可以为长三角区域养老服务共生发展体系提供新理念。

第二，现实意义。伴随少子化、高龄化、空巢化等社会问题凸显，我国老年人长期照护问题严峻，医养结合养老服务是我国社会养老服务体系的核心内容之一，是养老的基础性保障，能够有效缓解长期照护老人的压力。目前来看，长三角区域作为我国人口老龄化速度最快、程度最深，高龄化最为突出的地区，对养老服务和医疗服务需求迫切。因此，推动长三角区域医养结合养老服务链式发展的相关研究就显得十分必要。一方面，有利于满足长三角区域老年群体医养结合养老服务需求，提高区域内老年群体的养老质量，解决长三角局部地区出现的养老难题，推进医养结合养老服务进一步完善与发展。另一方面，推动长三角区域医养结合养老服务链式发展也是更好地利用长三角三省一市资源差异实现互济共生、缓解长三角区域养老压力、促进长三角区域养老服务一体化发展的重要抓手。与此同时，能够对其他城市群的医养结合养老服务共生发展起到示范作用。

1.2 文献综述

1.2.1 国内相关研究

在 CNKI 数据库对养老模式以及医养结合相关内容进行检索，可以发现国内学术界对于养老模式的研究持续时间比较长，研究力度比较大，成果也非常丰硕，而医养结合养老模式的研究成果集中出现在近几年，而且呈现逐渐上升趋势，但总体来说，研究成熟度还不够。在对相关研究成果进行分析整理后，笔者总结出国内学术界对于医养结合养老服务的相关研究主要集中于以下几个方面：

第一，关于医养结合养老服务概念以及可行性的研究。关于医养结老服务概念的界定，学界的理解目前并未统一。郭东等引入新的"医养结合，持续照顾"的理念，提出医养结合养老服务是指医疗资源与养老服务资源之间的相互平等融合，医疗机构与养老机构之间的多方式结合①。在此基础上，学者进一步指出医养结合养老服务是一种功能整合性服务体系，医疗资源与养老机构、社区、家庭老年照护服务在此相互融合、相互促进②。还有学者认为医养结合养老模式有"医""养""护"三个层次。其中"医"指老年人的基础医疗服务，"养"指老年人的生活照料服务，"护"是指老年人的慢性病护理或康复护理服务③。因此，医养结合养老服务模式并非医疗服务和养老服务的简单叠加，而是将医疗、康复、保健、养生、养老等相关服务融合一体，实现老年人医疗服务资源和养老服务资源的深度融合与联动发展，从而使社会医疗资源、养老资源得到充分利用。其中"医"包括医疗诊治、健康咨询、健康检查和临终关怀等医疗救护；"养"包括生活照料、精神安慰、心理疏导和文化活动④。故医养结合养老服务模式本质是在基本养老服务的基础上，着重强调对老年人健康医疗服务进行嵌入，从而发挥医疗服务和养老服务的协同效应⑤。还有学者认为医养结合养老服务模式的本质就是指实现医疗服务与养老服务相契合，将老年人的照护与医疗加以融合，由此而形成"养老—护理"服务新模式⑥。对医养结合养老服务可行性分析主要从理论维度和实证维度来进行阐释的。理论上，学者从政策支持视角进行研究，提出医养结合政策逐步由补缺型福利政策向普惠型福利政策转变，由重视机构养老向提倡居家养老和社区机构养老转变，从政策层面保证医养结合养老服务顺利开展⑦。还有学者提

---

① 郭东，李惠优，李绪贤，等. 医养结合服务老年人的可行性探讨[J]. 国际医药卫生导报，2005(21)：45-46.
② 孟颖颖. 我国"医养结合"养老模式发展的难点及解决策略[J]. 经济纵横，2016(7)：98-102.
③ 戴伟，张霄艳，孙晓伟. 大健康理念下的"医养结合"模式[J]. 中国社会保障，2015(10)：82-83.
④ 王芳，等. 我国医养结合服务发展趋势与策略[J]. 中国卫生政策研究，2022(8)：7-10.
⑤ 赵君，等. 我国居家社区医养结合服务现状研究——基于34家机构的定性访谈资料[J]. 中国卫生政策研究，2022(8)：11-16.
⑥ 杨哲. "医养融合"养老服务：概念内涵、掣肘因素及推动路径[J]. 现代经济探讨，2016(10)：25-26.
⑦ 李长远. 我国医养结合养老服务政策推进的基本经验与未来设想[J]. 宁夏社会科学，2022(3)：170-176.

出要从老人需要的社会福利理念出发，借力于"健康中国"的国家战略，充分利用地方性的社会与文化支持体系，从而保证医养服务具有可及性和可持续性[①]。在此基础上，有学者提出通过组织协作、政策连接和卫生养老资源整合来实现医养结合养老服务发展[②]。实证上，学者分析老人身体健康状况与长期护理需求关联，健康感知越好的老年群体对长期护理的需求越少[③]。还有学者基于健康损耗、社会保障需求对医养结合养老服务需求的影响进行分析，并指出医养结合养老服务是未来养老新模式[④]。推广医养结合养老服务在理论和实证方面都被证实具有可行性。

第二，关于医养结合养老服务供给与需求研究。其一是医养结合养老服务供给层面的研究。传统养老服务面临着碎片化、低水平以及重复性养老服务资源供给的困境，存在有"养"无"医"的功能性缺陷[⑤]。陈光英等基于老年群体的日常养老境况，提出要加强上门家务料理、协助购物、医疗保健等供给[⑥]。在政策支持方面，邓大松等认为我国医养结合管理存在"多龙治水"的现象，部门权责界定不明晰，条块分割严重，需要实现政策协同、发挥政策合力以解决医养结合服务供给难题[⑦]。在专业人员供给方面，殷延玲等认为医疗服务人员存在卫生人才不足、医务人员文化水平及医疗服务水平低、养老从业人员缺乏认同感以及职业资格考评机制不合理等，影响了医养结合服务有效供给[⑧]。其二是医养结合养老服务需求层面的研究。人口老龄化与疾病慢性病化导致高龄和失能失智老年人数量进一步增加，迫切需要养老服务升级，

---

① 王彦斌. 欠发达地区农村医养结合养老服务体系构建[J]. 探索，2017(6)：153-159.
② 涂爱仙. 组织、政策和资源：三维透视医养结合服务供给碎片化[J]. 云南大学学报(社会科学版)，2022(4)：135-144.
③ 曹雷，钟丽萍，范成文，等. 我国体医相结合的健康促进服务模式的实践研究[J]. 首都体育学院学报，2022(5)：516-524.
④ 李丹，李丽萍. 社区医养结合养老服务高质量供给研究[J]. 中州学刊，2022(3)：59-66.
⑤ 刘帅，蒋海燕，许梅珍. 家庭医生团队的居家养老医养结合服务管理路径探索[J]. 中华医院管理杂志，2022(4)：290-293.
⑥ 陈光英，韩桂梅. 湛江高校社区医养结合型养老需求调查[J]. 中国校医，2016(12)：933-936.
⑦ 邓大松，李玉娇. 医养结合养老模式：制度理性、供需困境与模式创新[J]. 新疆师范大学学报(哲学社会科学版)，2018(1)：107-114.
⑧ 殷延玲，等. 老年人医养结合服务系统需求及问题的系统评价[J]. 中国老年学杂志，2018(21)：5249-5251.

尤其是医疗保健养老服务升级①。医养结合需求最为强烈的是失能、残疾、患病以及高龄老人，但目前医养结合养老服务机构定位于高端市场、瞄准高端人群，不能很好地与中国当地经济发展水平相适宜的养老需求匹配②。加上我国尚未建立统一的老年人养老服务需求标准，医疗机构和养老机构之间关于护理等级的分类标准存在异议，无法根据老人健康阶段及养老需求提供分级化、多样化的养老服务，导致老年人群在医疗和养老之间转接不顺③。而供需双方错位这一结构性问题是构建并完善医养结合养老服务体系亟须解决的关键问题。在此基础上，学者深入分析医养结合的供需困境，从政策支持、制度供给、养老服务供给总量与结构性矛盾等方面谈医养结合供给瓶颈，并结合老年人需求主体的支付能力、有效需求等方面剖析医养结合实施中面临的障碍④。还有学者通过建立医养结合供需耦合系统，从供给和需求系统层面，提出应该鼓励多元化的医养结合供给模式，挖掘多样化的养老需求，重视环境因素，有效整合医疗与养老资源，改善老年人的生命质量⑤。

第三，关于医养结合养老服务模式类型的研究。学者对于医养服务模式的划分标准认知不一，并未形成统一模式划分标准。在医养结合实践初期，刘清发等学者将医养结合模式总结为科层组织模式、契约模式、网络模式三种⑥。徐宏等学者提出医养结合养老模式具有三种运行机制，分别是单一机构整合照料机制、医疗机构与养老机构合作联合运行机制以及社区医养结合养老服务支撑辐射机制。整合照料机制是指养老与医疗服务都是由一个机构负责供应。联合运营模式是一个或者多个养老机构与医疗机构签订合作协议共

---

① 刘倩汝，王梦娜，耿力. 我国医养结合养老背景下老年康复护理模式研究进展[J]. 护理学杂志，2022(5)：20-23.
② 刘晓梅，李蹊. 社区居家养老研究的回顾与展望——基于Citespace的文献计量分析[J]. 学习与探索，2022(3)：3-40.
③ 刘智勇，陈雅露. 推进医养结合发展的困局及其化解对策[J]. 中国行政管理，2022(4)：152-154.
④ 欧唐燕，马秋平. 医养结合机构脑卒中失能患者长期照护需求指标体系构建[J]. 护理学杂志，2022(10)：103-105.
⑤ 陈娜，袁妮，王长青. 医养结合供需耦合系统协同发展机制[J]. 中国老年学杂志，2016(24)：6308-6310.
⑥ 刘清发，孙瑞玲. 嵌入性视角下的医养结合养老模式初探[J]. 西北人口，2014(6)：94-97.

同运行的方式。支撑辐射模式也叫作输出模式，所面向的养老对象就是社区养老服务中心，其要与周边医疗机构开展合作①。马驭等学者指出我国医养结合主要存在五种模式：签约合作、养老机构内设医疗机构、医院直接举办或者经营养老机构、两院一体模式以及社区支撑辐射模式②。原新等学者认为我国目前形成了机构医养结合服务模式、社区医养结合服务模式与居家医养结合服务模式三种较成熟的医养结合服务模式，模式间彼此衔接互补，并对三种医养结合服务模式相关研究进行了梳理③。在此基础上，学者对机构、社区及居家的医养结合服务模式分别进行了一系列的研究。

首先，关于机构医养结合服务模式的研究。赵晓芳归纳了养老机构内设医疗机构、医疗机构内设养老机构、养老机构与医疗机构合作三种机构型医养结合服务模式④。王洪娜利用山东226家医养结合机构数据进行实证分析，研究发现，机构类型、规模、盈利收入对医养结合机构服务效率具有显著影响，且医养结合机构服务效率整体偏低⑤。张韬利用医养护"三位一体"医养结合养老服务机构模式案例，其特点与优势主要在于整合医疗资源，提出多元联动是医养结合是一体化路径，将养老机构、社区、医院、家庭纳入统一供给体系⑥。因此，可以发现医养结合型养老机构是一种满足老年人日常生活需求，保障老年人医疗资源使用的机构模式。刘桂海等学者研究认为医养结合对民营养老机构的服务效率具有显著的负向影响效应，一方面，医养结合通过提升入住率来提高服务效率，但现有政策红利的收入效应对服务效率的影响却存在不确定性，而收费标准的收入效应甚至导致了服务效率损失，另一

---

① 徐宏，江伊诺. 老年残疾人"医养结合"养老服务模式的实践困境与出路[J]. 湖南科技大学学报(社会科学版)，2017(3)：102-108.

② 马驭，秦光荣，何晔晖. 关于应对人口老龄化与发展养老服务的调研报告[J]. 社会保障评论，2017(1)：8-23.

③ 原新，金牛. 中国医养结合模式治理的基点、焦点和要点[J]. 河海大学学报(哲学社会科学版)，2021(2)：71-78.

④ 赵晓芳. 健康老龄化背景下"医养结合"养老服务模式研究[J]. 兰州学刊，2014(9)：129-136.

⑤ 王洪娜. 医养结合养老机构服务效率及其影响因素——基于山东省226家医养结合养老机构数据分析[J]. 重庆社会科学，2020(5)：129-140.

⑥ 张韬. 健康老龄化背景下医养结合服务模式探析——以中国红十字会医养护"三位一体"实践为例[J]. 中国特色社会主义研究，2017(2)：93-97.

方面，可以通过成本效应渠道显著降低服务效率①。黄安乐等学者认为机构型医养结合养老模式可以积极探索养老机构老年人的照护需求，整体上把握老年人健康状况，有效识别老年人的健康需求②。

其次，关于社区医养结合服务模式的研究。罗军飞等学者认为社区型医养结合是养老机构与就近的社区卫生服务中心或者综合性医院开展合作，建立双向转诊机制，老人在疾病加重期或治疗期进入医院接受治疗，在疾病康复期和稳定期转入养老机构接受其他养老服务的模式③。曲夏夏指出社区医养结合以健康维护和健康促进为中心，依托社区，培育老年人健康养老意识、树立健康养老理念、提高健康养老质量，达成老年人生理、心理、社会适应三方面协调促进的目标④。在社区医养结合服务实践困境方面，向运华等学者等提出社区医养结合服务存在医疗资源不足、分布不够合理的问题，无法满足各社区老年人就近接受相关慢性病治疗的需求，社区医疗资源没有与居家养老服务中心有机结合⑤。张博研究发现社区养老服务目前存在供需错配、养老服务适应性差，内容单一、忽视社区居民精神养老需求，缺乏行之有效的社区养老服务质量考核指标、服务效率低等挑战⑥。在推行社区医养结合服务路径方面，同春芬等学者提出需要挖掘现有资源和最大化发挥各自专业性功能优势，采取节约、灵活、最小化成本的方式推动社区卫生服务中心与养老机构的合作，推行"独立＋相连"与"改造＋补充"两种合作模式⑦。汪连新等实证研究发现养老理念、医疗水平、社区资源配置、社区医疗水平资源配置与医养结合服务满意度呈正相关关系，应加强引导宣传当代养老理念，多措并

---

① 刘桂海，等. 医养结合如何影响民营养老机构的服务效率？——来自北京市的证据[J]. 管理评论，2020(12)：295-306.
② 黄安乐，等. 医养结合背景下养老机构老年人护理问题评估体系的构建[J]. 护理研究，2021(2)：296-300.
③ 罗军飞，廖小利. 社会治理视角下我国养老服务体系建设研究[J]. 广西社会科学，2016(4)：144-149.
④ 曲夏夏. 社区医养结合影响老年人养老获得感的理论依据及验证方法[J]. 山东社会科学，2019(12)：107-111.
⑤ 向运华，姚虹. 少数民族地区城市社区养老的现状与发展对策——以恩施市为例[J]. 云南民族大学学报（哲学社会科学版），2016(2)：63-67.
⑥ 张博. "互联网＋"视域下智慧社区养老服务模式[J]. 当代经济管理，2019(6)：45-50.
⑦ 同春芬，等. 社区卫生、环境支持与养老机构合作模式[J]. 重庆社会科学，2017(4)：75-82.

举提升医疗水平,并完善相配套的养老服务政策①。

最后,居家医养结合服务模式研究。李长远研究认为社区居家医养结合养老服务模式符合健康老龄化的基本理念,能够满足社区居家老年人照料与护理服务的需求,但发展面临政策、市场、资金、人才等方面的掣肘因素②。张歌指出医疗服务具备知识性和专业性,需要具备执业资格的专门人才,因此家庭中最有可能发生购买的养老服务是医疗服务,强调居家医养服务的重要性③。在居家医养服务实践中面临的困境方面,杨嘉莹研究表明居家医养服务中社区卫生服务站的医疗卫生服务与居家养老服务依然处于相对独立的状态④。黄健元等学者指出我国目前医养结合多为服务内容的整合,且覆盖范围狭窄,限于城镇养老机构与医疗机构之间,农村社区居家方面的医养结合服务严重不足,服务"最后一公里"有待开拓⑤。郑研辉等学者认为目前我国已经初步形成了医养联合运行、医养护一体化以及居家上门照料三种社区居家医养结合的服务模式,都面临服务收费相对偏高,长期护理保险覆盖范围有限,老人潜在需求的有效转化率低,服务的时间、人力成本高,资金可持续性低以及服务能力有待提升等困境⑥。在优化居家医养服务路径层面,宋悦等学者等提出建立居家养老、医养结合、机构保障相统一的"三位一体"立体化养老模式⑦。在此基础上,王皓田指出建立畅通的医养服务转介渠道,整合多方资源、实现优势互补,并发挥医养结合中医疗的支撑作用⑧。

第四,关于医养结合养老服务模式面临的困境研究。首先是政策支持层面。马驭等学者研究表明医养服务存在政策支持力不足,制度供给缺位,难

---

① 汪连新,黄秀莲.医养结合视角下社区养老服务对策[J].学术交流,2020(11):143-152,192.

② 李长远.社区居家医养结合养老服务模式的比较优势、掣肘因素及推进策略[J].宁夏社会科学,2018(6):161-167.

③ 张歌.居家养老服务资金渠道及作用机制的经济学分析[J].统计与决策,2017(13):63-66.

④ 杨嘉莹.结构性嵌入:医养结合在社区居家养老中的实践逻辑[J].哈尔滨工业大学学报(社会科学版),2017(5):60-65.

⑤ 黄健元,等.我国养老服务体系发展:从医养结合到整合照护[J].中州学刊,2020(11):86-91.

⑥ 郑研辉,郝晓宁.社区医养结合服务模式比较研究[J].兰州学刊,2021(1):201-208.

⑦ 宋悦,吕康银,王丽娜.新常态下我国养老模式的创新[J].税务与经济,2019(2):21-28.

⑧ 王皓田."软硬"兼施促进医养结合养老服务发展[J].宏观经济管理,2019(7):34-38.

以落到实处,存在政策碎片化问题①。陈成文等研究发现我国城市医养结合发展的实践困境在于"制度阻滞",具体是指我国现有相关制度安排中的"缺失"现象和制度执行中的"扭曲"现象②。其次是管理层面。学者研究发现医养结合服务存在政府多头管理现象,管理部门交叉重叠,责任边界模糊,管理碎片化。具体来说:孟颖颖认为业务主管部门交叉重叠、责任边界不明晰是当前医养结合养老模式实践面临的最大困难③。睢党臣等学者指出医疗执业许可难申请、医生难招限制了医养结合的快速发展④。王浦劬等学者认为我国政府部门在构建医养结合型养老服务模式过程中,面临着科层性体制造成的部门合作难度大、断裂性医保机制造成的医养对接难和孱弱性激励机制造成的专业医护人员匮乏等难题⑤。然后是资金层面,主要是资金不足,社会参与度低。郝涛等学者研究发现医养服务机构资金主要来源于财政拨款,但财政补贴力度较小,难以维持机构正常经营运转⑥。最后是人才方面。基层全科医生、专业护理人员缺口大,制约了医养结合的发展。崔树义等学者指出我国医养机构人才队伍总量不足,稳定性差,专业护理和管理人员短缺⑦。

  第五,关于医养结合服务改进对策的研究。唐钧认为要追求医养结合的整体效应,就必须使两个部分各自的功能有机耦合,最终实现"整体之和大于部分之和"⑧。具体优化路径研究主要在以下五个方面:首先,打破多头管理,理顺管理机制,完善政策支持体系。耿爱生提出要根据医养结合的发展情况,

---

① 马馼,秦光荣,何晔晖,等. 关于应对人口老龄化与发展养老服务的调研报告[J]. 社会保障评论,2017(1):8-23.
② 陈成文,黄利平,陈建平. 从"制度阻滞"看推动城市"医养结合"发展的制度建设方向[J]. 湖南社会科学,2018(4):69-76.
③ 孟颖颖. 我国"医养结合"养老模式发展的难点及解决策略[J]. 经济纵横,2016(7):98-102.
④ 睢党臣,彭庆超. "白发浪潮"下我国医养结合养老服务的发展困境与对策研究[J]. 宁夏社会科学,2016(4):134-141.
⑤ 王浦劬,雷雨若,吕普生. 超越多重博弈的医养结合机制建构论析——我国医养结合型养老模式的困境与出路[J]. 国家行政学院学报,2018(2):40-51.
⑥ 郝涛,商倩,李静. PPP模式下医养结合养老服务有效供给路径研究[J]. 宏观经济研究,2018(11):44-53.
⑦ 崔树义,田杨. 养老机构发展"瓶颈"及其破解——基于山东省45家养老机构的调查[J]. 中国人口科学,2017(2):115-125.
⑧ 唐钧. 关于医养结合和长期照护服务的系统思考[J]. 党政研究,2016(3):122-127.

调整各类政策工具所占比例，优化政策工具层级结构，增强工具互动①。王皓田指出要改变政府均等化分配人头的补贴办法，采取政府购买养老服务的方式，优先解决生活贫困的高龄、失能、半失能老人的护理服务需求②。其次，增加投入，扩宽资金渠道。叶响裙认为政府需对医养结合机构进行整体资金扶持，如社区预防保健经费、养老机构建设运营补贴与医疗保险专项经费③。阳义南通过实证研究发现，养老金比医疗保险更能带来正面的健康绩效，以养促养的老年人健康绩效比以医促养的健康绩效更优，故建议我国从以疾病治疗为中心转为依托养老金购买养老服务，建构提高老年人生活质量的健康保障体系④。然后，整合资源促进医疗服务与养老服务融合发展。学者基于资源整合视角，提出为减少医疗资源浪费，应将医养结合机构纳入医保定点机构，结合使用养老与医保资金⑤。付诚等学者提出促进医养结合养老服务业发展需鼓励社会资本进入市场，全面推广和完善长期护理保险制度，建立具有普遍认可度的评估体系，创新养老机构多元化发展模式⑥。最后，加大人才培养力度。焦解歌等学者提出依托一所专门培养养老服务专业人才的职业大专院校，实行校企合作的模式，联合社会力量共同建立符合中国国情和老年人需求的标准化医养结合基地⑦。宁余音认为应建立专业化的养老医护人员队伍，引进针对老年群体的全科医生，提高养老服务领域的工资水平及其职业待遇⑧。

　　第六，医养结合养老服务协同发展研究。学界主要基于协同视角提出促进医养结合养老发展的建议，其专门研究较少。刘亚娜基于政策网络与耦合

---

① 耿爱生. 中国医养结合政策研究[J]. 中州学刊, 2018(6): 68-73.
② 王皓田. "软硬"兼施促进医养结合养老服务发展[J]. 宏观经济管理, 2019(7): 34-38.
③ 叶响裙. 基于城乡社会养老服务发展实践的思考[J]. 中国行政管理, 2017(9): 151-154.
④ 阳义南. 社会保障支持衔接机构型医养结合服务及其"梗阻"破除[J]. 华中科技大学学报(社会科学版), 2021(5): 19-26.
⑤ 杨临宏, 陈颖. "将健康融入所有政策"的三重实践逻辑构造及其在中国的运用[J]. 思想战线, 2021(1): 161-172.
⑥ 付诚, 韩佳均. 医养结合养老服务业发展对策研究[J]. 经济纵横, 2018(1): 28-35.
⑦ 焦解歌, 宋艳, 杨秀英. 校企合作建立医养结合基地的标准化探讨[J]. 中国高校科技, 2017(7): 74-76.
⑧ 宁余音. 老龄化社会养老照护服务体系建设的政策选择[J]. 学术论坛, 2016(11): 121-125.

协同视角，提出医养服务政策网络的三个子系统，分别为议题网络的需求子系统、专业网络和生产者网络的供给子系统以及府际网络与政策社群的环境子系统，指出医养结合耦合系统的协同发展即要实现各子系统内部要素有机整合以及系统之间的相互协调与合作，清晰各自职责，实现优势互补①。易艳阳研究认为医养结合型养老社区应以"协同"与"共享"为基本理念，优化医养结合型养老社区的规划建设与运营服务，促进政企协同、供需对接、理性规划、合理运营、专业服务，以满足老年人的健康养老需求，促进养老服务产业的高质量发展②。向平萍等学者基于协同治理理论认为医养结合服务应明确各主体权责划分，政府是该协同系统中的核心。政府应做到不缺位、不越位，参与医养结合其他主体包括社会组织、企业、个人应按照权责一致的原则，同时考虑到成本与收益对等的原则，合理划分权力、责任和角色定位③。栾文敬等学者提出需加强府际间的合作治理，建立部门之间正式的、制度化的协同机制④。李丹等学者指出了社区医养结合协同共治的内在逻辑，协同发展是社区医养高质量供给的内驱力，社区医养服务要素的耦合性与自洽性也需要进一步关注⑤。汪三贵等学者对农村失能老人养老服务进行研究，指出协同治理是完善农村失能老人养老服务供给的有效路径，关键就在于各治理主体在政府引导下进行资源、技术及制度的协同协作，最终实现经济、健康和社会三方面赋能⑥。

第七，医养结合养老服务区域一体化发展研究。针对医养结合养老服务区域一体化发展，研究聚焦在以下三个方面：其一是医养结合养老服务资源区域联动。刘亚娜认为京津冀在资源储备和环境等方面各有优势，形成了集

---

① 刘亚娜. 我国医养结合养老服务政策网络与耦合协同[J]. 中国行政管理, 2018(8): 53-58.
② 易艳阳. 医养结合型养老社区: 内涵逻辑、实践困囿与优化方略[J]. 内蒙古社会科学, 2020(1): 139-145.
③ 向平萍, 尹广文. "医养结合"难在哪, 如何走得更好[J]. 人民论坛, 2017(9): 70-71.
④ 栾文敬, 郭少云, 王恩见, 等. 府际合作治理视域下医养结合部门协同研究[J]. 西北大学学报(哲学社会科学版), 2018(3): 64-73.
⑤ 李丹, 李丽萍. 社区医养结合养老服务高质量供给研究[J]. 中州学刊, 2022(3): 59-66.
⑥ 汪三贵, 张梓煜. 协同赋能: 农村失能老人养老服务供给研究[J]. 湖南农业大学学报(社会科学版), 2022(1): 9-15.

养老医疗、康健休闲、社会活动等于一体的全新颐养模式[1]。特木钦持有同样的观点，长三角区域联动可部分缓解人口老龄化及资源分布不均衡造成的区域养老负担日益严重的现实矛盾，推动区域医养结合发展的进程[2]。其二是医养结合人才资源联动。邓俊丽等学者认为应该关注地区本身的养老人才发展机制，培育养老专业人才进入专业领域，进而满足跨区域养老的人才流动需求[3]。其三是医养结合养老服务政策联动。黄剑锋指出长三角区域医养结合政策联动应该通过政府相关部门联合协同，共同推动区域医养结合服务联动发展[4]。胡宏伟等学者认为应充分发挥跨区域政府部门的作用，夯实区域医养结合服务协同的落实力度[5]。陈雯等学者提出要建立区域政府及非政府组织间的协调机制，建立省市、城市及部门之间多个层次的决策协调机制，共同推动区域经济发展[6]。此外，还有学者就区域养老服务的一体化路径进行研究。田新朝认为构建有效的领导、协调、监督等合作机制是实现粤港澳大湾区养老服务合作治理的关键路径，应探索多样化合作模式，在市场组织和资源共享上加大合作力度[7]。韩兆柱等学者认为在破解京津冀养老服务协同困境的过程中，要突破政策性壁垒的限制，挣脱地区本位主义的束缚，摒弃利益固化思维，推进公私合作，在各种资源上实现共享，加快协同发展的步伐[8]。秦鹏等从共建共享的思路出发，提出强化区域规划一体化、政策一体化、资源共享互通、产业互动互融等对策建议，以期一体化推进成渝地区养老服务业质量

---

[1] 刘亚娜. 京津冀协同发展背景下养老模式整合与创新[J]. 中国行政管理, 2017(7): 132-137.
[2] 特木钦. 长三角一体化下养老服务区域融合研究[J]. 宏观经济管理, 2019(8): 51-58.
[3] 邓俊丽, 九月, 于立群. 区域比较视野下内蒙古老龄化及养老模式选择[J]. 贵州民族研究, 2016(1): 53-57.
[4] 黄剑锋. 中国长三角区域智慧养老政策比较研究——基于主体—目标—工具的政策计量分析[J]. 信息资源管理学报, 2020(6): 122-134.
[5] 胡宏伟, 王静茹. 京津冀养老服务协同中的政府驱动治理研究——基于组织多重制度逻辑的视角[J]. 北京联合大学学报(文社会科学版), 2022(1): 60-69.
[6] 陈雯, 等. 长三角一体化高质量发展: 内涵、现状及对策[J]. 自然资源学报, 2022(6): 1403-1412.
[7] 田新朝. 跨境养老服务: 粤港澳大湾区的协同合作[J]. 开放导报, 2017(5): 109-112.
[8] 韩兆柱, 邢蕊. 基于整体性治理的京津冀养老服务协同发展路径研究[J]. 中共天津市委党校学报, 2019(1): 71-78.

发展①。

　　学者指出，长三角一体化发展的背景下，医养结合服务一体化也随之提上更高层面。不断加剧的人口老龄化形势，对长三角区域来说既是机遇也是挑战，由此，推动长三角区域医养结合养老服务深化合作联系，有效整合区域现有资源，共同推动长三角区域医养结合服务一体化发展，显得尤为重要②。张卫等学者指出长三角地区是我国人口老龄化问题最为突出的地区，也是经济社会发展水平领先的地区。满足区域内老年群体医养结合需求，这是长三角区域地方政府所要解决的共同课题。由此，医养结合服务一体化发展的现实意义尤为突出③。刘雅菲等提出长三角各省市应当充分发挥自身优势，实现资源的互补，加大协同力度，坚决破除医保政策与养老政策方面所存在的区域壁垒，促进医疗资源、养老服务设施、养老服务人才资源共享④。

1.2.2　国外研究现状

　　部分发达国家相对我国更早地迈入老龄化社会，对于养老服务研究相比我国更为丰富，国外与我国医养结合概念相类似的概念为整合照料。

　　第一，关于整合照料概念的研究。目前学界尚未对整合照料形成统一定义，基本观点是将其视为提高管理效率、整合碎片化服务的一种服务方式⑤。在此基础上，有学者指出整合照料是指将医疗卫生资源和社会服务资源整合成系统或网络，以提高服务可及性，节约成本，实现医养资源合理配置⑥。还有学者将整合照料划分为体系、机构及个人三个层次，其中体系层次是指统筹整合不同区域及管理部门的服务，机构层次是指整合养老机构之间以及养

---

① 秦鹏，刘焕. 成渝地区双城经济圈协同发展的理论逻辑与路径探索——基于功能主义理论的视角[J]. 重庆大学学报(社会科学版)，2021(2)：44-54.
② 王欣，杜宝贵. 长三角区域一体化政策府际关系研究——基于社会网络分析[J]. 公共管理与政策评论，2021(6)：37-42.
③ 张卫，马岚，后梦婷，等. 长三角一体化与区域养老融合发展机制研究[J]. 现代经济探讨，2018(4)：81.
④ 刘雅菲，马兴基. 长三角养老服务协同发展研究——基于共生理论的视角[J]. 老龄科学研究杂志，2021(5)：53-54.
⑤ Kodner D L. All together now: a conceptual exploration of integrated care[J]. Healthcare Quarterly (Toronto, Ont.)，2009(13)：6-15.
⑥ Zonneveld N, Driessen N, Stüssgen R A J, et al. Values of integrated care: a systematic review[J]. International journal of integrated care，2018，18(4)：1-12.

老机构内部的服务，个人层次是增强为个体服务的综合性。至此，此学者提出整合照料是对具有类似服务需求的老年群体所提供的立体化照护服务①。2012年世界卫生组织将"整合照料"定义为"将诊断、治疗、照护、康复和健康促进等相关的服务投入、交付、管理和组织整合于一体"。

第二，关于整合照料功能的研究。学者对伦敦西北地区进行整合照料持续跟踪实验发现，整合照料能够有效减少老年人住院次数，提高医疗机构效率②。还有学者指出社区整合照料是可行的，且是一种能够降低成本、提高服务质量并更好地维护医患关系的养老管理方式③。综上，学者认为整合照料能够将医疗卫生资源和社会服务资源有效进行整合，从而达到节约养老和医疗成本、实现养老服务资源和医疗服务资源合理配置的目的④。此外，学者们还探讨了整合照料政策的落实效果。如学者对欧盟九国整合照料经验进行总结，阐明整合照料最普遍做法为横向一体化整合⑤。还有学者依据英国推进家庭医生与社区医疗机构的整合实践，得出整合照料具有协同放大效应⑥。也有学者提出整合照料能够有效整合分散的服务体系，将其转变成一个具有示范效应的服务规划和供给系统，但对医疗系统中涉及的人员和组织的整合作用不大⑦。

第三，关于整合照料的类型研究。目前整合照料在主要发达国家基本形成三种形式，分别是以美国和德国等为代表的市场主导型、以英国和瑞典等

---

① Chen A H, Murphy E J, Yee Jr H F. eReferral--a new model for integrated care[J]. The New England journal of medicine, 2013, 368(26): 2450.

② Antunes V, Moreira J P. Approaches to developing integrated care in Europe: a systematic literature review[J]. Journal of Management & Marketing in Healthcare, 2011, 4(2): 129-135.

③ GShaw S, Rosen R, Rumbold B. What is integrated care[J]. London: Nuffield Trust, 2011, 7: 1-23.

④ Chey W D, Keefer L, Whelan K, et al. Behavioral and diet therapies in integrated care for patients with irritable bowel syndrome[J]. Gastroenterology, 2021, 160(1): 47-62.

⑤ Lip G Y H, Lane D A, Lenarczyk R, et al. Integrated care for optimizing the management of stroke and associated heart disease: a position paper of the European Society of Cardiology Council on Stroke[J]. European Heart Journal, 2022, 43(26): 2442-2460.

⑥ Lim W M. A marketing mix typology for integrated care: The 10 Ps[J]. Journal of Strategic Marketing, 2021, 29(5): 453-469.

⑦ Davidson L, Scott J, Forster N. Patient experiences of integrated care within the United Kingdom: a systematic review[J]. International Journal of Care Coordination, 2021, 24(2): 39-56.

为代表的政府主导型、以日本和韩国等为代表的混合型。

  首先，关于美国医养结合养老服务模式的研究。在鼓励失能老人养老服务的政策方案上，最著名的当属20世纪90年代美国的医疗和养老相结合的"综合性老年健康护理"计划（即PACE计划）。学界主要对PACE计划项目内容、资金来源及使用、运行机制及效果展开研究。PACE计划是国家提出的一揽子养老服务规划，主要是通过各类独立医疗机构为半失能的社区居家老年人提供医疗、护理、康复等服务[①]，也为自理老年人提供日常护理、辅助护理等服务[②]。也有学者认为PACE计划是采用多科合作方式为社区老年人提供的综合、长期护理服务[③]。医疗保险及医疗救助机构为PACE计划提供主要资金支撑，政府部门每月会对老年人身体状况进行测评，依据测评结果计算经费并将经费划拨给PACE中心，并由PACE中心统一支配，老年人个体不需要承担费用[④]。另外，PACE中心拓宽资金来源的渠道，积极引导社会资本和慈善资金投入，为老年人提供更好的健康护理服务，PACE中心对社区内的老年人给予了充分关注。因此，有强大的民间组织和政府资助的PACE中心能够持续的满足居住在社区的老年人的长期护理需求[⑤]。Palimaru AI等学者指出，高度组织化的PACE计划满足了老年人综合护理与长期护理需求[⑥]。在PACE运行效果方面，学者研究发现其运行后，医疗资源利用率得到大幅提高，覆盖社区内的老年人身体机能有所改善，该计划也提高了老年人的生活

---

  ① Richter J G, Chehab G, Schwartz C, et al. The PICASO cloud platform for improved holistic care in rheumatoid arthritis treatment—experiences of patients and clinicians[J]. Arthritis Research & Therapy，2021，23(1)：1-13.

  ② Palmer S J. Case management to give holistic care[J]. British Journal of Healthcare Assistants，2021，15(9)：458-461.

  ③ James I A, Gray K, Moniz-Cook E, et al. Behavioural and psychological symptoms of dementia: A new framework for holistic understanding and non-pharmacological management[J]. BJPsych Advances，2022，28(1)：11-20.

  ④ King M L. Holistic Blood Pressure Management Plan in Primary Care[D]. The University of Arizona，2021：18-26.

  ⑤ Schenker M, Costa D H. Advances and challenges of health care of the elderly population with chronic diseases in Primary Health Care[J]. Ciencia & saude coletiva，2019，24：1369-1380.

  ⑥ Palimaru A I, McBain R K, McDonald K, et al. Perceived care coordination among permanent supportive housing participants: Evidence from a managed care plan in the United States[J]. Health & Social Care in the Community，2021，29(6)：259-268.

1 导 论

满意度，但因其服务重点在日间照料上，受益群体不广、管理风险大、缺乏专业护理人员和卫生管理人员，总体上 PACE 计划发展缓慢，亟待进一步发展和完善①。有学者通过对比其他模式，指出 PACE 项目在改善高医疗成本人群的健康状况、减少医疗费用支出等方面起到了更加明显的作用，并认为该计划实现了团队管理、医疗保健服务、护理服务和养老服务的一体化②。PACE 计划能显著降低医院利用率，并能有效地进行护理管理，减少住院次数③。还有学者研究发现人员配备、跨学科团队成熟度、机构合作机制等因素是影响 PACE 实施效果的重要因素④。总之，PACE 计划缓解了失能、半失能老人在日常照料与医疗护理上的困难，同时按人头计费方式可为医疗保险节省资金支出⑤。

其次，关于英国综合护理制度模式的研究。综合护理制度模式是英国最具代表性的医养结合模式，它向老人提供社会支持、预防保健、正式和非正式护理，旨在通过建立协作关系弥补家庭照料与居家照料的不足，提升服务管理效能⑥。综合护理制度是混合性制度，包含两方面内容，一方面包括基本养老金计划、职业年金和个人自愿性储蓄计划在内的社会保险制度，另一方面包括国民医疗服务、医疗救助与私人医疗保险在内的医疗保险制度⑦。国家、社区、志愿团体和社会组织在综合护理制度方面具有互补性，国家职责

---

① Tun S Y Y, Madanian S, Mirza F. Internet of things (IoT) applications for elderly care: a reflective review[J]. Aging clinical and experimental research, 2021, 33(4): 855-867.

② V Hirth, J Baskins, M Dever-Bumba. Program of all-inclusive care(PACE): past, present, and future [J]. Journal of the American Medical Directors Association, 2009, 10(3): 155-160.

③ LA Merethanke. Effects of the Program of All-Inclusive Care for the Elderly on Hospital Use [J]. The Gerontologist, 2011, 51(6): 774-785.

④ Micah Segelman, Jill Szydlowski, Bruce Kinosian, Donna B, Raziano, Christine van Reenen, Helena Temkin - Greener. Hospitalizations in the Program of All-Inclusive Care for the Elderly [J]. Journal of the American Geriatrics Society, 2014, 62(2): 320-324.

⑤ D Wieland, B Kinosian, R Boland. Does Medicaid Pay More to a Program of All-Inclusive Care for the Elderly(PACE)Than for Fee-for-Service Long-term Care? [J]. Journals of Gerontology, 2012, 68(1): 47-55.

⑥ Ebbinghaus B. Multipillarisation remodelled: the role of interest organizations in British and German pension reforms[J]. Journal of European Public Policy, 2019, 26(4): 521-539.

⑦ Kim J, Kim S, Park E, et al. Policy issues and new direction for comprehensive nursing service in the national health insurance[J]. Journal of Korean Academy of Nursing Administration, 2017, 23(3): 312-322.

在于制定政策、管理监督制度实施以及提供购买服务的经费,志愿团体与社会组织负责提供护理服务①。英国还设立了一个专业的评估机构,评估和监督家庭护理、社区照护、医院和专科医院提供的医疗和护理服务②。法律制度完善能够有效保证综合护理制度模式这一服务系统有序运行,故英国通过不断完善相关法律制度来规范综合护理领域中养老服务的运作③。因此,综合护理制度将碎片化的养老服务转化为目标一致、运转有序的服务供给系统,降低了急诊住院人次,节省了医疗成本。但是,综合护理制度仍存在护理机构、医疗卫生机构整合与专业化运作之间的问题,健康老龄化与社会照护鸿沟问题尚未解决④。目前,护理机构与地方医疗机构依然局限于个人工作关系整合,并未实现综合资源整合,因此必须改善现有合作组织结构、多措并举,实施激励措施,完善竞争和监管等来提升服务质量,以便更好地为老年人提供综合照护服务⑤。但是,英国综合护理制度的执行效果受到了资金来源不明确,缺乏监管,文化惰性,服务人员、组织和团队缺乏交流和协作等因素的制约⑥。因此,学者提出政府应加强政策支持,加快信息技术能力发展速度,并充分调动各方资源,重视老年人自理能力划分,确定老年群体所需服务的类型和数量,以此来完善综合护理制度⑦。

最后,关于日本的护理保险研究。在 20 世纪 80 年代,第一个类似于医养结合的"老人保健设施"机构在日本创立,之后,日本推行了长期介护保险

---

① Park K O, Yu M, Kim J K. Experience of nurses participating in comprehensive nursing care [J]. Journal of Korean Academy of Nursing Administration, 2017, 23(1): 76-89.

② Yamase H. Development of a comprehensive scoring system to measure multifaceted nursing workloads in ICU[J]. Nursing & health sciences, 2003, 5(4): 299-308.

③ Conley V M, Judge-Ellis T. Disrupting the system: an innovative model of comprehensive care [J]. The Journal for Nurse Practitioners, 2021, 17(1): 32-36.

④ Legido-Quigley H, Nolte E, Green J, et al. The health care experiences of British pensioners migrating to Spain: a qualitative study[J]. Health Policy, 2012, 105(1): 46-54.

⑤ Chris Ham, Candace Imison, Nick Goodwin, Anna Dixon, Patrick South. Where next for the NHS reforms? The case for integrated care [EB/OL]. The King's Fund Web, accessed 15 Mar 2012.

⑥ Shi X, Ma L, Hao J, et al. Regulatory effects of comprehensive psychological intervention on adverse emotions and immune status of cervical cancer patients during the perioperative period[J]. American journal of translational research, 2021, 13(6): 6362.

⑦ Vlachantoni A, Feng Z, Evandrou M, et al. Ethnic elders and pension protection in the United Kingdom[J]. Ageing & Society, 2017, 37(5): 1025-1049.

方案。日本学界定义"医养结合"为"不同护理需求在合适的场所、合适的时间,得到持续、合理服务的一种合作行为"。为了应对人口老龄化的挑战,实现长期介护保险可持续发展,日本政府积极建立一个全面的地域综合支持服务网络,通过社区平台将以前分散的医疗、护理、预防、住房和生活支持服务有机地联系起来,以确保对老年人的全面服务[①]。日本基本形成了以长期护理保险为特征的医养结合发展体系,1963 年日本通过了《老年人福利法》,并从 2000 年开始实施长期护理保险制度。日本长期护理保险服务分为六种类别,即"长期护理(预防性护理)服务""当地区域服务""福利物资""房屋改造服务"以及由长期护理认证委员会认证的两类老人需要的护理服务[②]。有学者研究认为长期介护保险本质是一种福利型保险模式,照护老人的责任从家庭转移到国家,照护方式也从家庭照护转变为社会照护,其筹资模式是"保险+福利"[③]。也有学者提出长期介护保险旨在满足老人的医疗与日常照护需求,帮助其实现健康养老[④]。随着日本长期介护保险制度不断发展,长期介护保险面临逆向选择风险,道德风险的挤出效应,供需失衡,资金短缺与专业护理人才不足等问题[⑤]。此外,还有学者着重探讨日本长期介护保险供需匹配的问题,以及对未来的社区介护体系的思考。总之,长期护理保险的推行,一方面可以满足老年人的医疗保健需求,改善老人的生活品质,另一方面也可以减轻老龄化问题。

第四,关于区域养老服务合作的研究。区域协调发展是指通过区域经济、社会和环境等要素的协调发展,使各区域居民享有基本的公共服务,共享发

[①] Brown J R, Finkelstein A. The private market for long-term care insurance in the United States: a review of the evidence[J]. Journal of Risk and Insurance, 2009, 76(1): 5-29.

[②] Brown J R, Finkelstein A. Why is the market for long-term care insurance so small? [J]. Journal of public Economics, 2007, 91(10): 1967-1991.

[③] Pauly M V. The rational nonpurchase of long-term-care insurance[J]. Journal of Political economy, 1990, 98(1): 153-168.

[④] Kim H, Kwon S. A decade of public long-term care insurance in South Korea: Policy lessons for aging countries[J]. Health Policy, 2021, 125(1): 22-26.

[⑤] Takahashi S, Yonekura Y, Takanashi N, et al. Risk Factors of Long-Term Care Insurance Certification in Japan: A Scoping Review[J]. International journal of environmental research and public health, 2022, 19(4): 2162.

展所产生的效益,并实现地区之间平等的过程①。在区域经济要素协调发展方面,1958年《欧洲经济共同体条约》中欧盟流露出寄希望于平衡欧盟内各国差异来实现共同体的协调发展的想法。此后,《欧洲联盟条约》于1993年开始生效,为制定区域协调发展法提供了依据。美国是第一个以法律形式促进国家欠发达地区发展的实行市场经济的国家,由此可见其对区域发展的重视程度。1940—1960年间,日本在《国土开发计划纲要》《国土综合开发法》中也表现出了对区域协调发展的重视。上述三个国家和组织在区域协调发展方面都取得了一定成功。而在区域养老服务合作方面,多部门合作是国外养老服务协作的共识。学者通过观察养老服务涉及的协作活动,总结出三种不同的服务协作类型,分别是针对老年人所需提供服务的协作行为、不同养老服务机构设施间的协作互动以及养老服务机构与政府部门、非营利组织、社区间的协作活动②。还有学者认为,专业人群和公众行为之间存在"领域共识",不论是在政府治理层级还是在市场治理层级上处理公共事务,协作治理都可以被当作一种替代模式发挥作用,尤其是对提供养老服务等社会福利的非营利性官僚机构来说,协作治理模式大有裨益③。在此基础上,学者以养老领域中公共部门、私人部门和第三部门之间的合作行为为对象进行挖掘,发现跨部门的协作活动常常在治理与行政两个层面遇到挑战,在合作伙伴关系磨合以及资源获取中与对方进行交流协商十分重要,合作双方需要采取有效方式投入更多的协作活动,以创造社会效益④。

---

① Tavassoli N, Piau A, Berbon C, et al. Framework implementation of the INSPIRE ICOPE-CARE program in collaboration with the World Health Organization(WHO)in the Occitania Region[J]. The Journal of frailty & aging,2021,10(2):103-109.

② Gao X, Tang P. Research on Service Optimization Strategy of "Migratory Bird-Style Elderly Care" in Panzhihua City under the Background of Integrated Medical Care[J]. Open Journal of Social Sciences,2021,9(7):231-239.

③ Dong H, Zhou Y. Participation of social organizations in embedded elderly care services in urban communities from the perspective of cooperative governance: interactions, dilemmas and strategies--Taking the SX Health Care Center in City C as an example[J]. Academic Journal of Business & Management,2021,3(6):44-58.

④ Maldun S, Saenab S, Hasriani H, et al. Implementation of the Healthy Indonesia Card Program at the Sayang Rakyat Regional General Hospital, Makassar City[J]. International Journal Papier Public Review,2021,2(4):128-135.

第五，国外医疗服务和养老服务结合的新发展。研究聚焦两个方面：一方面聚焦养老服务递送机制。老人独立生活成为所有发达国家的认同目标，"在地老化"递送模式应运而生，不过"在地老化"政策也遇到难题，养老服务与医疗服务脱嵌现象凸显[1]。因此，养老服务递送模式不仅要适应养老的需要，还要综合考虑医疗服务资源的配置是否有效。另一方面聚焦养老服务政策支持。西方国家对养老服务和医疗服务结合的津贴制度优化、服务资格准入门槛、服务遵守原则和服务质量标准制定以及服务机构管理等都给予正面回应[2]。

1.2.3 国内外研究述评

国外医养结合服务相关研究起步较早，体系较为完善，发展较为成熟，实践中美国、英国和日本医养结合模式内容较为翔实。学者基于整合照料、养老服务区域合作、发展脉络等视角对养老服务进行研究，对促进我国医养结合养老服务研究发展具有指导意义。尽管国内医养结合养老服务研究起步较晚，但发展非常迅速，目前保持高质量发展态势。目前国内研究多集中于医养结合模式、供需匹配、发展困境、优化路径等方面，取得了比较丰硕的成果。国内外研究目前仍存在以下三点需要完善：第一，缺乏区域协同的研究视角。目前的文献研究停留在医养结合试点模式的"现状—问题—对策"学理层面，缺乏协同角度下对区域间医养结合养老服务的考察。第二，研究对象缺乏动态性。目前，研究倾向于把医养结合看成一种理所应当的静态现象，把医养结合发展过程中存在的问题归结为政府内部管理和制度供给问题，尚未理清区域间医养结合养老服务协同演变逻辑，因此难以提出有效应对策略。第三，系统性研究有待加强。目前，学界对医养结合养老服务体系协同建设与共享发展的研究文献较为鲜见，相关的间接性探讨也多为碎片化表述，不够深入，缺乏系统性。因此，这些不完善的地方是本书力图突破之处。

---

[1] Tennyson S, Yang H K, Woolley F. My Wife Is My Insurance Policy: Household Bargaining and Couples' Purchase of Long-Term Care Insurance[J]. Research on Aging, 2022, 44(9-10): 692-708.

[2] Ko A. An equilibrium analysis of the long-term care insurance market[J]. The Review of Economic Studies, 2022, 89(4): 1993-2025.

1.3 概念界定

1.3.1 健康老龄化

健康老龄化于 20 世纪 80 年代后期被提出，在 1991 年联合国发布《联合国老年人原则》，将健康老龄化描述为"独立、参与、照顾、自我充实、尊严"。2002 年，世界卫生组织发布了《积极老龄化政策框架》，提出通过实现健康、参与和保障来提高老年人的生活质量。同年，联合国第二届世界老龄大会通过了《2002 年马德里老龄问题国际行动计划》，对老年人社会参与进行进一步强调。2012 年，欧盟发布《健康和积极的老龄化》报告，指出健康老龄化是促进老年人享受高质量生活的基本保障。2015 年世界卫生组织发布《世界老龄化与健康报告》，提出了健康老龄化新范式。2017 年世界卫生组织出台《构建健康老龄化的伦理框架》，为健康老龄化的积极行动提供了伦理框架。2020 年 12 月，世界卫生组织公布《2020—2030 年健康老龄化行动十年》，旨在通过 10 年间协调一致的集体行动减少老年人的健康不平等现象，该十年计划的核心是老年人自己、政府、民间、国际机构、学术界、媒体共同努力改善老年人及其家庭和社区的生活。2021 年 1 月，世界卫生组织发布了《健康老龄化十年基线报告》，进一步明确了积极的健康老龄化的测量要素，提出积极的健康老龄化包括内在能力、功能能力和环境三大核心要素。

由此看出，健康老龄化包括两层含义：一是指老年个体和群体身体的健康，二是指老年人生活的社会环境的健康。因此，"健康老龄化"有必要与传统意义上的健康长寿区分开来，其内容更加丰富、寓意更加深远。有学者将健康老龄化概括为"六要点"：第一，健康老龄化以提高健康老年人预期寿命为目标；第二，健康老龄化不仅意味着寿命延长，还包括老年生活质量的提高；第三，人类年龄结构向老龄化转变，除身体以外，还需社会、经济及文化等与之呼应，一起实现老龄化的转变；第四，人口老龄化是一个过程，需全面认识老龄化，搞清老年人健康状况的因果及发展趋势，这关系到全人类的福祉；第五，需科学认识健康老龄化，健康老龄化既是挑战也是机遇，是目标也是应对策略；第六，健康老龄化是一项长久、持续的社会系统工程，需要全社会一起努力①。因此,老年人晚年生存的第一要义就是健康。随着年龄的增长,老年人的各项身体机能都在减退。对老年人来说健康老龄化就是通过医疗和防护,实现老年人健康寿命的延长,并实现养老质量的不断提高②。2016年10月,中共中央、国务院印发并实施《"健康中国2030"规划纲要》,将健康视为人民享有的一项基本权利,确定了"健康优先"的基本原则,并从普及健康生活、优化健康服务、完善健康保障、建设健康环境、发展健康产业、健全支撑与保障、强化组织实施等层面提出了具体目标和行动规划,指出需统筹解决关系人民健康的重大和长远问题。《"十四五"国家老龄事业发展和养老服务体系规划》中指出,为了积极应对我国日益严重的老龄化问题,我国需推动老龄事业和产业的发展,且需构建和完善普惠、多元化的养老服务体系,来满足老年人健康养老的需求,构建健康老龄化养老服务体系对于我国意义重大。

健康老龄化本质首先是维护老年人的内在能力,改善老年人的外部环境,延长老年人的健康预期寿命③。其次是从延长生命长度到提高生命质量④。然后是从身体健康到全面健康⑤。最后是从老年健康到全生命周期健康⑥。健康老龄化概念的不断升华,为我国养老服务提供了新的思路,即我国应大力推动和发展医养结合养老服务。在健康老龄化背景下,提高医疗护理服务水平成了当前养老服务的重中之重,尤其对失能失智、生活不能自理的老年人而

---

① 宋全成,温欣.论积极的健康老龄化的政策框架与行动方略[J].中州学刊,2022(8):69-78.
② 晏月平,李雅琳.健康老龄化到积极老龄化面临的挑战及策略研究[J].东岳论丛,2022(7):165-175.
③ 健康是人和社会全面发展的基础,关系千家万户的幸福和城市的可持续发展。老百姓在解决了衣食住行问题之后,最盼望的不仅仅是长寿,而是健康、长寿。健康老龄化不只是寻求预期寿命的提高,更要寻求健康预期寿命的提高。
④ 健康老龄化不仅延长了生命的长度,更重要的是提高生命的质量,减少老年人因功能减退即身体的衰老带来的疾病,使慢性疾病能够得到有效的治疗和恢复,使大多数老年人能按正常衰老发展,维持老年人自身良好的生理、心理和社会适应功能,拥有较高的生活质量和生命质量。
⑤ 全面健康是指在身体、精神和社会适应上处于良好的状态,而不仅仅是指没有疾病。健康老龄化追求的应是全面健康,要在生态健康的视角下高度关注环境健康、遗传健康和生活健康。
⑥ 从时间维度看,健康老龄化体现了一种贯穿生命始终的健康加权过程,老年时期的健康状态是其生命历程中不同年龄阶段健康存量不断累积和消耗的结果。健康老龄化不仅仅是老年人或者老年期的事,还涉及前老年期的健康保护和健康储蓄,即涵盖了从胎儿期到婴幼儿期,再到青少年期、青壮年期、准老年期和老年期的整个生命历程。

言，他们对生活照料和医疗护理的养老服务需求非常迫切。整合利用好养老和医疗两种资源，可满足老年群体的多元化需求。

1.3.2 医养结合

当前人们对医养结合的认知不太全面，存在较大的误差，主观认为医养结合就是医疗与养老的简单叠加或过分强调机构的改造，认为医养结合只有两种方式，不是在医疗中增设养老就是在养老中设立医疗。因此，人们需要准确理解医养结合的内涵。

首先，要明确医养结合以政策导向、制度完善和服务整合为真实目标。国家在健康中国战略中明确指出，要将健康纳入各项政策，也就是在制定每项政策时都应该考虑到全民健康观念①。因此，在制定养老服务政策的过程中要考虑到老年人的健康意识，促进医养结合在政策中的占比。故医养结合不仅是一项需要完成的政策任务，也是相关部门在制定和实施政策时需要长期使用的一种思维方式②。具体来说：医疗服务和养老服务的结合是医养结合的核心，在现有的医疗和养老资源体系的基础上进行整合，是将医和养充分融合，实现"一加一大于二"。因此，医养结合养老服务应以现行政策和制度为依据，不断完善现行政策、标准和规范，并对相关医养资源进行深度整合和创新。

其次，医养结合是对传统以家庭为主的养老服务的拓展。在老龄化日益严重的特殊时期，护理人员要对护理服务的供给与需求的匹配关系进行再研究，不断调整老年人护理服务的内容。医养结合是在保障老人的基本生存需要的同时，注重对其健康的保障，实现医养一体化③，也是老龄化社会发展到一定阶段的现实情况所需要的，也体现了人们对实现美好生活、提高生命质量的追求④。医养结合能将目前的养老与卫生资源有效地整合起来，使老年人

---

① 刘晓梅，曹鸣远，李歆，等. 党的十八大以来我国社会保障事业的成就与经验[J]. 管理世界，2022(7)：37-49.

② 李丹，李丽萍. 社区医养结合养老服务高质量供给研究[J]. 中州学刊，2022(3)：59-66.

③ 林宝. 康养结合：养老服务体系建设新阶段[J]. 华中科技大学学报(社会科学版)，2021(5)：9-18.

④ 曲夏夏. 社区医养结合影响老年人养老获得感的理论依据及验证方法[J]. 山东社会科学，2019(12)：107-111.

1 导 论

得到更多元化的服务，这些服务涵盖了生命安全、精神娱乐、价值实现等多个方面，完整地反映了对老人的照顾和对病人的治疗。更重要的是，医养结合养老服务在老年人的生活照料、健康检查与治疗、术后康复训练、重大疾病的早期干预和临终关怀等方面也发挥重要功能[①]。

最后，医养结合养老服务的内涵。其一，医养结合养老服务目的。医养结合养老服务是为患有慢性疾病、急性病康复期、有智力障碍、有残疾等诸如此类的特殊老年群体提供服务，提供生活护理及医疗康复服务。换句话说，就是在普通的养老服务中增加医疗服务，在医疗服务中增加养老服务[②]。其二，医养结合养老服务主体。我国人口多，老龄化严重，在我国几乎不可能只靠某一个主体负担起照顾一个老人的责任，整个社会都需要面对老龄化的问题。要将多个部门有机地组合起来，将资源有效地结合起来，建立医疗和养老相结合的综合体系[③]。其三，医养结合养老服务模式的实现。在政府的领导下，原本有医疗功能的机构变成了老年医院或护理医院，普通的养老机构可以与其附近的医院合作，实现双向转诊[④]。其四，医养结合养老服务人员和机构准入。我国制定政策鼓励相关的专家和技术人员参与建设养老机构。但是，医疗机构或养老机构的转型，会使这些机构的护理业务增加。因此，特别需要增加护理老年人的人员。通过人员的调整，可以节约人力资源，使护理水平提高[⑤]。其五，医养结合养老服务的性质。我国可以把医养结合机构的性质视为一种老年人护理机构，且其必须满足民事部门制定的长期机构准入标准。随着医疗和护理服务的融合程度加深，医疗机构之间的关联性也会越来越明显，未来医疗和护理相结合的医养机构需要获得相应的医疗机构资格

[①] 王雅丽. 商业保险参与"医养结合"养老模式发展——以江苏省健康保险综合保障创意产品为例[J]. 社会科学家, 2019(9): 69-75.
[②] 曲顺兰, 王雪薇. 乡村振兴战略背景下农村养老服务研究新趋势[J]. 经济与管理评论, 2020, (2): 26-35.
[③] 白晨. 医养结合背景下城乡社区老年健康管理服务供给及效果研究——来自"中国老年健康影响因素跟踪调查"的证据[J]. 中国卫生政策研究, 2020(3): 31-37.
[④] 陈东升. 长寿时代的理论与对策[J]. 管理世界, 2020(4): 66-86.
[⑤] 朱孟斐, 朱孔来, 姜文华. 加快推广运用医养结合优化模式[J]. 宏观经济管理, 2020(5): 78-82.

认证[①]。

因此,医养结合养老服务是指医疗资源与养老资源相结合,在养老过程中实现医疗服务可及性和连续性,扩展医疗和养老的共融发展模式,可以最大化利用社会资源。在医养结合养老服务中,"医"指的是医疗康复保健服务,包括医疗服务、护理服务、健康保健、健康咨询、康复护理、安宁疗护等;"养"指的是为老人提供日常生活照料、精神慰藉等服务。医养结合养老服务模式整合了医疗卫生和养老照护两大服务功能,连接了老年人生活照料与医疗健康的需求,实现了医疗资源和养老资源的深度融合与联动发展,将生活照料、人文关怀与康复护理融为一体,实现了医养一体化发展。

1.4 研究路径

本书以长三角区域医养结合养老服务链式发展为研究对象,总体上遵循"搭链—串链—卡链—呈链—整链—展链—借链—强链"的思路,推动长三角区域医养结合养老服务链式发展,以期为长三角区域的养老服务一体化发展提出新的思路。本书的主要内容分为十个部分。

第一部分为绪论部分。主要内容包括研究背景与研究意义、研究路径、研究方法以及学术界对医养结合养老服务发展的研究成果。

第二部分以核心概念和基本理论为基础。此部分对健康老龄化和医养结合相关概念进行界定,并依据协同理论和共生理论,构建理论分析框架,从而为后续章节的分析提供理论支撑。

第三部分对长三角区域医养结合养老服务共生链连接进行分析。包括对长三角区域医养结合养老服务共生链现状、机遇进行分析,并对长三角区域医养结合养老服务供需进行分析以及对供需失衡缘由进行分析。

第四部分对长三角区域医养结合养老服务政策链联通进行分析。该部分梳理长三角区域医养结合政策的发展历程,并从国家层面和长三角三省一市层面对相关政策进行梳理,后对相关政策涉及的医养结合养老服务进行分析。

---

① 葛延风,王列军,冯文猛,等.我国健康老龄化的挑战与策略选择[J].管理世界,2020(4):86-96.

第五部分找出长三角区域医养结合养老服务协同链构建受阻的因素。研究发现，长三角地区医养结合养老服务顶层设计不足，长三角地区医养结合养老服务信息网络搭建不完善，长三角地区医养结合养老服务标准不统一难以形成利益分享机制以及长三角地区医养结合养老服务长期照护资本投入不够等是长三角区域医养结合养老服务协同链构建受阻的重要因素。

第六部分对长三角区域医养结合养老服务链联动发展进行实证分析。此部分从长三角区域医养结合养老服务链联动发展指标体系的构建机理出发，对长三角区域医养结合养老服务联动发展进行实证研究。

第七部分是对长三角区域医养结合养老服务资源链整合进行研究。此部分从长三角区域医养结合养老模式资源整合的现状出发，探究长三角区域医养结合养老服务资源整合水平和困境，从而阐明长三角区域医养结合养老服务资源整合路径。

第八部分是长三角区域医养结合养老服务实践及经验。探究长三角区域典型城市（上海、杭州、南京以及合肥）的医养结合模式，并对相关模式进行分析，凝练长三角三省一市医养结合养老服务典型模式可推广的经验。

第九部分是典型区域医养结合养老服务协同发展的经验参鉴。对京津冀地区的医养结合辐射型协同发展模式、川渝城市群医养结合服务协同发展实践以及粤港澳地区的医养结合内生型协同发展模式进行分析，凝练一体化发展中可借鉴的经验。

第十部分是叙述长三角区域医养结合养老服务链式发展的推动路径。区域协调合作机制、区域服务标准制定、信息化机制建设、共享发展机制以及长期护理保险维度共同推动长三角区域医养结合养老服务链式发展。

1.5 研究方法

第一，比较分析法。比较分析法就是对物与物之间的相似性或相异程度展开分析的过程。一方面是区域内医养结合服务典型模式比较。通过比较长三角区域三省一市的典型服务模式，分析各自模式的优点和不足，凝练出可推广的经验。另一方面是区域间比较。对比分析京津冀地区、粤港澳地区养老服务政策，找出共性和差异，反观长三角地区医养结合养老服务协同发展上存在的不足和制约因素,为长三角地区医养结合养老服务链式发展提出有针对性、有操作性、有效的思路和建议。

第二,实证分析。综合分析长三角医养结合服务链联动发展的影响因素,运用层次分析方法,进行多层次筛选,确定长三角医养结合服务链联动发展评价指标体系。利用模糊综合评价法,对长三角区域医养结合服务链联动发展的影响因素进行综合评价,以期更加客观地反映长三角区域医养结合服务链联动发展影响因素的重要程度。

2 本研究的理论基础及分析框架

本章以协同理论和共生理论作为理论支撑,探讨长三角区域医养结合链式发展路径。长三角区域医养结合养老服务链发展若被视作一个整体的协同共生发展体,那么浙江省、江苏省、安徽省以及上海市则可被视为大系统中四个单独的共生子系统,共生子系统内部运行复杂,各子系统之间交往频繁。因此,利用协同理论和共生理论,能够分析长三角区域医养结合养老服务链式发展中复杂系统以及其中的共生子系统的运行规律,为长三角一体化国家战略的实现提供新颖的探索视角与研究范式。

2.1 理论基础之一:协同理论

2.1.1 协同理论发展脉络

第一,协同理论的萌芽阶段。协同思想是对客观事物的相互作用及关系的一种思考方式,它被广泛用于自然科学和社会科学领域之中。协同理论最早由德国著名物理学家赫尔曼·哈肯提出,他在《协同学》一书中对其进行了详细讨论,他认为环境是由复杂系统组成的,各复杂系统相互影响,产生协同效应。哈肯还认为复杂系统由具有不同部分和组件的子系统组成。不同子系统之间的相互作用影响复杂系统的演变,子系统之间不同部分与组件的相互作用也会引起子系统秩序的变化[1]。协同理论主要对整个系统内部子系统相

---

[1] Geary N. Understanding synergy [J]. American Journal of Physiology-Endocrinology and Metabolism, 2013, 304(3): E237-E253.

互作用的机制原理与发展水平进行研究,而系统不论处于哪种状态,都是系统内各子系统相互作用、共同影响的结果①。协同理论有效揭示了复杂系统的产生机制及其演变的速度②。《协同学》的出版标志着协同学科的建立,并被广泛用于解决社会系统中的自组织问题。

  第二,协同理论的发展阶段。1978年哈肯在《协同学:最新趋势与发展》一书进一步发展了协同学理论,提出了功能有序的概念③。协同学对系统演变过程的不平衡状态与平衡状态都有所研究,并总结出两者相变所遵循的规律方程④。1979年,哈肯在规律方程的基础上进一步提出了协同学的混沌状态,认为在人类生活的自然中,有形态各异的各类系统,其形式、性质、功能作用各不相同,但深刻探索会发现其有着共同规律。同时,对于每个系统来说,其初始时都拥有着不稳定或稳定的特质,当系统发展临近质变点时,由于存在联系和相互作用,可促使系统走向稳定、有序、强大,其中的作用力就是协同作用。系统在偏离其平均值的瞬间,序参量随新旧状态的转变而变化,在协同效应的影响下系统会逐渐由无序状态演化为有序状态,并在此基础上演化为新的有序状态。但特例下系统会从有序状态转变为无序状态,即序参量在演化过程中突破了其变化的阈值⑤。1981年,哈肯在《20世纪80年代的物理思想》一书中指出复杂的宇宙系统也是由有序结构组成的,表明协同学能够有效运用在宇宙学科研究领域。随后,协同学理论在更多的学科研究领域得到进一步发展⑥。

---

  ① Fluck Z, Lynch A W. Why do firms merge and then divest? A theory of financial synergy[J]. The journal of business, 1999, 72(3): 319-346.
  ② Benecke G, Schurink W, Roodt G. Towards a substantive theory of synergy[J]. SA Journal of Human Resource Management, 2007, 5(2): 9-19.
  ③ Chen J K, Chen I S. A theory of innovation resource synergy[J]. Innovation, 2013, 15(3): 368-392.
  ④ Sierka M. Synergy between theory and experiment in structure resolution of low-dimensional oxides[J]. Progress in Surface Science, 2010, 85(9-12): 398-434.
  ⑤ Madhav M S, Cowan N J. The synergy between neuroscience and control theory: the nervous system as inspiration for hard control challenges[J]. Annual Review of Control, Robotics, and Autonomous Systems, 2020, 3(1): 243-267.
  ⑥ Corning P A. Systems theory and the role of synergy in the evolution of living systems[J]. Systems Research and Behavioral Science, 2014, 31(2): 181-196.

第三,协同理论的成熟阶段。《高等协同学》是协同理论走向成熟的一个重要标志。在微观层面,协同学运用数理统计方法对非线性微分方程进行分析,按照特定流程,对动力学问题系统演化的状态进行分层分析。从微观和宏观视角来看,子系统和系统达到了平衡和统一,协同学反应的结果符合系统发展的规律。由此可见,协同学理论既考虑了特殊性又兼顾了普遍性。因此,它对社会科学的研究有很强的适用性[①]。

2.1.2 协同理论与社会系统关联

系统化的协同理论最早被应用于自然科学领域,因协同理论的概念逐渐拓展,后被引入社会科学领域,协同理论发现社会作为一个系统具有其复杂性、动态性和多样性。

第一,社会系统中子系统间的相互作用体现出社会系统的复杂性。各子系统之间存在着竞争和合作关系,有时以竞争为主导,有时以合作为主导,两者组合形式多样,每个子系统都有各自的组成结构,协同管理的目的在于发挥系统的最大功效,实现各子系统协作最大化[②]。

第二,社会系统的动态性从多方面体现出来。主要包括了系统整体从无序到有序的转变、各子系统的相互关系以及从一种结构到另一种结构的转变。社会系统发展的动力来源于想要维护现存状态的向心力与要改变现有状态的离心力两者间此消彼长的过程。协同理论的重点在于寻求不同力量间的差异和融合途径,使得社会治理有效性得到持续优化[③]。

第三,社会系统的多样性。社会系统的各个子系统逐步分化,呈现出多样化、专业化特征,从而使整体社会系统也呈现出多样性。各个子系统在社会系统运行过程中所拥有的资源不同,利益需求不一致,从而使社会系统内部各目标不统一,达到目的的途径也不尽相同。协同理论以尊重多样性为基

---

① Doh J, Husted B W, Matten D, et al. Ahoy there! Toward greater congruence and synergy between international business and business ethics theory and research[J]. Business Ethics Quarterly, 2010, 20(3): 481-502.

② Ming T, Shi T, Han H, et al. Assessment of pollutant dispersion in urban street canyons based on field synergy theory[J]. Atmospheric Pollution Research, 2021, 12(2): 341-356.

③ Meghji A. Towards a theoretical synergy: Critical race theory and decolonial thought in Trumpamerica and Brexit Britain[J]. Current Sociology, 2022, 70(5): 647-664.

础，努力协调各种社会子系统的目标，并确立统一的标准，以达到多方共赢的目的①。

第四，社会系统自组织性与序参量。社会系统内部具有特定的规律，促进社会系统从无序状态发展到有序状态，不遵循任何外部环境的命令，依托序参量的变化促使子系统间相互合作。判断一个社会系统是否是自组织时，可以观察该系统的形成和发展中是否受到了外部因素的干预，如果没有，则称该社会系统为自组织②。协同理论中，由于各子系统在相互作用时产生序参量，因此如何判断并衡量序参量成为协同理论应用分析中的关键问题。序参量是指系统协同效应的特征和衡量指标，它可被划分为快变量和慢变量两类。系统在临界点处会受到这两种粒子的影响③。在社会系统发展至某一临界点时，慢变量出现并迅速成长为主导变量，在整个社会系统中占支配地位，推动社会系统进入一个新的秩序，并主导系统演化的最终结构④。

2.1.3 协同系统发展原理

第一，涨落原理。系统的内部世界是保持着持续运动的，每个子系统除了有其独立的运动外，彼此之间还可能产生局部的耦合，加之一些外在条件的起伏，使得系统宏观瞬时值出现偏离平均值的波动，这种波动现象即为涨落。涨落的大小并不一致，可通过阻尼大小来对照，阻尼大意味着涨落得不到其他子系统回应，反之，受到大多数其他系统回应的涨落会活跃发挥放大自身影响力，成为助推系统进入有序新状态的巨涨落⑤。因此，涨落常被看作是形成有序结构的一个重要动力源。

---

① Tantalo C, Priem R L. Value creation through stakeholder synergy[J]. Strategic management journal, 2016, 37(2): 314-329.
② Gritti N, Oriola D, Trivedi V. Rethinking embryology in vitro: a synergy between engineering, data science and theory[J]. Developmental Biology, 2021, 474: 48-61.
③ Meghji A. Towards a theoretical synergy: Critical race theory and decolonial thought in Trumpamerica and Brexit Britain[J]. Current Sociology, 2022, 70(5): 647-664.
④ Wang S, Mo B, Zhao J. Theory-based residual neural networks: A synergy of discrete choice models and deep neural networks[J]. Transportation research part B: methodological, 2021, 146: 333-358.
⑤ Presseau J, Byrne-Davis L M T, Hotham S, et al. Enhancing the translation of health behaviour change research into practice: a selective conceptual review of the synergy between implementation science and health psychology[J]. Health psychology review, 2022, 16(1): 22-49.

第二，序参量原理。若想要描述系统内部各种复杂的状态与相互作用发展的现象，就需要引入一个概念去解决这个问题，序参量就是哈肯提出的解决方法。序参量是各类子系统在进行集体运动时涉及的特有影响因子，是协作效应的参考指标，也是评判系统是否发生质变的显著特征[1]。总的来说，协同理论的整个过程就是序参量的"确定—建立—求解"，以处理系统自组织问题。

第三，役使原理。描述系统的各种变量的临界行为是有显著差别的，大致能够分为两类：一类被称为快弛豫参量（Quick variable），占大多数，它们的临界阻尼衰减迅速，难以对系统的发展起显著作用；另一类占少数的变量被称为慢弛豫参量（Slow variable），也就是序参量，它们在系统处于临界状态时会表现出无阻尼现象，会得到多数子系统的响应，起着支配系统行为的决定性作用[2]。

第四，支配原理。支配原理是指若系统中仅有一个序参量，那么该序列参数就会支配整个系统发展；若系统中序参量存在多个，那么多个序参量间会产生竞争，最终形成一个序参量或少数序参量占据系统核心支配地位的状态[3]。所以，在对庞大的不确定性复杂系统进行研究时，必须遵循支配原理，使得快变量服从慢变量，慢变量通过竞争成为序参量，从而主导各个子系统发展[4]。这说明，在对系统进行分析时，不需要对所有参量进行研究，基于支配原理，只需要研究序参量的变化就可以明确系统的演化状态。

第五，协同原理。自组织系统的演变动力为子系统的竞争与协同，序参

---

[1] Lindsey K, Mauck N, Olsen B. The coming wave of small business succession and the role of stakeholder synergy theory[J]. Global Finance Journal, 2021, 48: 100457.

[2] Ilhami R, Rahmat A, Achmad W. Pattern of Policy Network Structure in building synergy in Bandung City Society[J]. Budapest International Research and Critics Institute-Journal, 2022, 5(2): 40-52.

[3] Sun S, Liu D, et al. Heat transfer characteristics of Taylor - Couette flow with axially distributed slits using field synergy principle and entropy generation analysis [J]. International Communications in Heat and Mass Transfer, 2021, 129: 105699.

[4] Dolgirev P E, Michael M H, Zong A, et al. Self-similar dynamics of order parameter fluctuations in pump-probe experiments[J]. Physical Review B, 2020, 101(17): 174306.

量通过相互协同合作实现自组织结构的形成①。协同效应是指基于协同作用，在一个完全开放的复杂系统中，各个子系统单元之间相互联系、相互作用，从而提高整体复杂系统效能的过程。

2.2 协同理论：长三角区域医养结合链式发展分析的契合性

长三角区域医养结合养老服务链式发展若被视作一个整体的系统，那么长三角三省一市则可被视为四个单独的子系统。子系统内部运行复杂，各自之间交往密切，利用协同理论，能够对该复杂系统以及其中的复杂事物提供新的探索视角。同时，协同理论揭示的系统演变发展过程，既涉及无生命界，也涉及生命界，自然也涉及医养结合养老服务领域。协同理论认为，一切处于世界中的系统都是开放的，如果系统或子系统之间处于封闭状态，不进行物质、信号等方面的交流或传递，则其不会达到稳定的有序结构状态，更不会实现"1＋1＞2"的目标。因此，可以看出协同理论的发展目标与长三角区域医养结合养老服务链式发展的目标不谋而合，都是希望整体区域能够实现稳定有序的高质量发展，故将协同理论运用于长三角医养结合养老服务链式发展的研究中具有契合性。具体来说：

第一，长三角区域医养结合养老服务链式发展系统是一个复杂的开放性系统。其具体表现如下：首先，长三角区域医养结合养老服务链式发展涉及人才、物质以及环境等多个要素，各要素之下又有分支要素，他们性质各异，都具备随机性、不确定性与非线性的特征。其次，长三角区域医养结合养老服务链式发展的核心主体是老年群体，老年群体的经济物质条件、个性偏好条件、教育文化条件以及社会关系条件等决定了其参与的系统具有复杂性特征。再次，长三角区域医养结合养老服务链式发展的各个分支要素之间互相影响，其体现在各个分支要素既有合作促进的关系，又有竞争关系。最后，长三角区域医养结合养老服务链式发展并不是一个完全封闭的体系，在实践推行过程中，它与外部大环境以及其他与之相关的系统持续地进行着物质、

---

① Ciszek E, Place K R, Logan N. Critical humanism for public relations: Harnessing the synergy of gender, race and sexuality research[J]. Public Relations Review, 2022, 48(1): 102151.

信息以及思想等方面的多重交流,使自身结构走向有序发展。

第二,长三角区域医养结合养老服务链式发展系统内部存在大量非线性关系。医养结合养老服务模式是基于我国老龄化的复杂社会环境下提出的,因此,其涉及的要素或子系统都是复杂多变的,并非简单的因果关联。此外,长三角区域医养结合养老服务系统内部各层级之间以交织的方式进行交流。例如,医养结合养老服务系统内部,各个部门或参与主体所拥有的优势和资源侧重不同,难以达到一个平衡状态,参与该系统的要素如果有一种发生变化,也极易对其他要素乃至系统产生影响,表现出一种复杂的无序状态。

第三,长三角区域医养结合养老服务链式系统还具有随机涨落的特征。协同理论认为,涨落是系统进行独立运动的表现,也是推进系统演化发展的关键动力。在涨落过程中,系统自我调节、互助、竞争,最终促成协同力量的产生。在长三角区域医养结合养老服务链式发展中,各个城市、各层级部门以及相关机构,都可以被看作是不同的子系统,他们都具备各自的参考要素与参考特征。在我国大力推进医养结合模式的过程中,长三角区域作为我国最具代表性的跨区域发展圈之一,可以通过优化医养结合养老服务系统的相关协同机制、稳定整体发展结构,来实现老年群体的"医养康养"目标。

2.3 理论基础之二:共生理论

2.3.1 共生理论发展脉络

共生一词的字面意义在英文或是希腊文中是"共同"和"生活",不仅包括两个相同生物体共同生活中的相互作用,还包括不相似生物体间的吞噬。在共生关系中,术语"宿主"通常被用来指较大的成员,"共生体"是共生关系中的较小者。共生概念起源于生物学,如果去追根溯源,生物界公认的最早提出广义共生概念的是德贝里,他广泛而谨慎地研究了大量真菌及其生活关系,在此基础上提出了共生的初步概念,他定义共生为"不同生物种属基于某种利害关系密切生活在一起的过程"。从整体上看,德贝里提出了共生的概念,指出寄生也是一种生物共生,但同时也指出生物之间的短暂的关联不能被视为共生①。生物学家研究发现,共生是一种普遍存在的生物现象。共生研究提出了与达尔文的竞争进化论不同的共生进化论,认为生物进化以协同为主导性,内共生是进化创新的重要来源。在此之后,还有学者区分了偏利共生、互惠共生和寄生,明确指出一种生物寄居在另一种生物体内或体表的寄生关系也是共生关系中的一种②。林恩·马古利斯提出社会共生理论并开启了社会学领域对于共生的研究,将社会价值赋予共生概念之中③。共生理论核心内容在于提出"不同种类生物在不同生命周期中将以合作形式生存与成长"。

20世纪末共生理论被引入我国,袁纯清提出基于共生单元、共生关系、共生环境三要素的共生理论逻辑框架,将共生理论拓展到了经济学领域④。胡守钧学者提出了社会共生理论,利用共生理论观点分析社会现象,他认为社会共生关系包括主体要素、资源要素、约束条件三大部分,相互关联的社会主体构成了社会共生系统,资源是社会共生的基本纽带⑤。共生理论因其具备逻辑严谨等优势而被广泛应用于经济学、生态学、社会学及管理学等相关学科。

2.3.2 共生系统的基本要素

共生单元、共生基质、共生环境、共生界面是构成共生体的基本要素,当共生基质存在时,在一定共生环境中的共生单元会通过特定共生界面,产生共生基质,之后将会生成特定共生体。

第一,共生单元。共生单元是构成共生体能量生产和交换的基本单位,为共生系统协同衍化提供了物质条件与动力来源,是共生关系的载体,是形

---

① DeBerry S. Schizoid phenomena, psychobiology, and psychiatric paradigms: A proposed integrative model[J]. Journal of Contemporary Psychotherapy, 1989, 19(2): 81-107.
② Berry J W. Emics and etics: A symbiotic conception[J]. Culture & psychology, 1999, 5(2): 165-171.
③ Margulis L. Serial endosymbiotic theory and composite individuality[J]. Microbiology Today, 2004, 31(4): 172-175.
④ 袁纯清. 共生理论及其对小型经济的应用研究[J]. 改革, 1998(3): 76-86.
⑤ 胡守钧. 社会共生论[J]. 社会科学论坛, 2001(1): 20-23.

成共生体的基本构成要素①。不同共生体由不同共生单元所构成,不同共生单元可以构成不同共生体。共生单元受决定其内在性质的质参量与决定其外在特征的象参量影响,可划分为同类与异类。但通常都是由一系列质参量对共生单元的内部特性产生影响,而质参量中占主导地位的叫作主质参量②。参量的变化决定象参量的变化,象参量累积变化对质参量产生影响,质参量变化会引起共生单元的突变,但象参量一般不会引起突变③。

第二,共生基质。共生基质存在于共生单元之间,是共生单元的补充,是共生体存在的必要条件④。以长三角区域医养结合养老服务为例,在此共生系统中,三省一市为其中的共生单元,共生基质则包括各地方的优势资源及政府的协同发展政策。如长三角区域医养结合服务共生系统中,若某一共生单元所提供的资源,即共生基质是不可替代的,则此共生单元在整个共生系统会占据更大优势。

第三,共生环境。按照共生环境对于共生体的不同影响可将共生环境划分为正向环境、中性环境与反向环境。正向环境起积极作用,中性环境既不起积极作用也不起消极作用,反向环境起消极作用。同时,共生体也对共生环境起正向、中性与反向作用⑤。作为基本能量生产与交换单位的共生单元,想要构成物质信息交流与能量交换的共生关系,必须通过共生界面构建传输通道,产生时间与空间上的联系,即共生单元通过共生界面形成共生关系⑥。

第四,共生界面。共生能量生成原理揭示了生物共生进化的动力机制,

---

① Tufarelli M, Cianfanelli E. Generative Product Design Processes: Humans and Machines Towards a Symbiotic Balance[J]. Proceedings of the Design Society, 2022, (2): 1787-1794.
② 阙明坤,顾建民. 新型大学组织与城市共生发展[J]. 教育研究,2022(9):33-46.
③ Liu S, et al. Research on the Construction and Practice of Urban Agricultural Complex Planning Model Based on Symbiosis Theory——Take the One-stop Rural Complex Planning of Chunshu Village in Xi'an as an Example[J]. International Journal of Frontiers in Sociology, 2021, 3(3): 66-70.
④ 孔令英,陈思羽. 互惠共生:政府与农民互构式治理机制[J]. 华南农业大学学报(社会科学版),2022(5):114-125.
⑤ 杨其勇,等. 链式共生:县域内幼儿园发展创新路径[J]. 中国教育学刊,2022(9):83-87.
⑥ Li W, Xu G, Zuo D, et al. Corporate social responsibility performance-evaluation based on analytic hierarchy process-fuzzy comprehensive evaluation model[J]. Wireless Personal Communications, 2021, 118(4): 2897-2919.

影响共生能量的关键变量有共生界面的特征值和变量共生度①。共生界面的特征值能有效衡量共生界面上产生交流阻力的重要参量，共生界面越多、接触面越大，交流阻力越小，共生界面特征值也会越趋近于零，而随着共生性的增加，其共生能量也会增加②。

2.3.3 共生模式

在建设和谐社会的进程中，人与自然、区域、城乡等多种共生要素之间存在着诸多的联系，也受到全球经济环境、国家政策和制度等共生环境的制约③。比如，在传统的计划经济体制中，国家的指令性干预计划将一些区域的优势资源无偿提供、传输给其他区域，这是一种偏利共生关系。随着经济全球化和市场经济的不断发展，地区间的合作越来越趋于互利，从组织层面上来说，区域间的相互依存关系逐步演变为连续共生或一体化共存。基于行为方式划分标准，不同共生模式所产生的效率不同，寄生模式中的能量是从一方无偿流向另一方的单向流动，在此过程中并不会产生新的能量。偏利共生的关系中共生单元通过互动会产生新共生能量，但是新共生能量只能由一个共生单元获得，偏利共生关系只对一方有利④。非对称互惠共生只是一方共生单元获得能量较多，共生单元间获取能量的大小是不平衡的。而对称性互惠共生关系会产生新的共生能量并在共生系统中进行相关利益分配，共生单元不是单向获利，新产生的共生能量来自共生单元协作，并且所产生的新共生能量分配是对称的。

共生组织模式主要是指共生单元相互结合的组织化程度，不同的共生组织模式有着不同的特征，相互之间也可以转化⑤。点共生体现了共生系统中共

---

① 黄晓通，李玉雄.互嵌—交融—共生：空间生产视角下城市民族互嵌式社区治理实践[J].贵州民族研究，2022(4)：42-48.

② Leidner D E. Review and theory symbiosis: An introspective retrospective[J]. Journal of the Association for Information Systems, 2018, 19(6): 1.

③ 陈春花，朱丽，刘超，等.协同共生论：数字时代的新管理范式[J].外国经济与管理，2022(1)：68-83.

④ 张伟坤.协同共生：基层社会治理理念的传承逻辑与时代趋向[J].华南师范大学学报（社会科学版），2022(4)：123-134.

⑤ 何植民，蔡静.嵌入到共生：乡村振兴视域下新乡贤参与乡村治理的发展图景[J].学术界，2022(7)：134-144.

生关系的随机性、偶然性和不确定性，共生过程又表现为短期性、不稳定性①。间歇共生关系虽然比点共生关系具有一定的规律性，但仍处于相对不确定、不稳定的状态，共生系统中的连接尚未呈现连续性②。但连续性共生与之不同，它能表现出共生系统中的共生单元间关系的长期性与稳定性。共生单元在连续共生中既能保持独立，又能从关系中获利③。连续共生中共生关系比较稳定且具有必然性④。一体化共生模式是共生单元在一个封闭时间区间内形成的具有独立性质和功能的共生体，共生单元存在全方位的相互作用，共生关系稳定且有内在必然性⑤。但也存在极端情况下的一体化共生，它是一个时间间隔持续不断缩短的特殊情况，部分情形下一体化共生会使整体共生系统利益关系被官僚制的科层组织所代替，这会增加管理费用、降低组织效能⑥。

2.3.4 共生系统发展机制

共生系统的共生模式不同，在衡量过程中要依靠共生系统的发展机制对其进行分析。

第一，共生单元互相兼容机制。质参量兼容是共生识别的基本依据，反映了共生单元之间的本质属性。只有共生单元之间质参量兼容，共生关系才成立，共生系统中至少存在一对兼容质参量⑦。质参量兼容方式决定共生模式，并且质参量兼容方式随着共生单元变化而发生改变。当在兼容质参量时，共生系统中的共生关系可以用函数表示其存在，且其中的函数关系具有随机函数、不连续函数及确定连续函数等多种形式。其中，随机函数一般表示共生单元之间容易形成点共生模式，不连续函数一般表示共生单元间的共生模

---

① 王湘军，康芳. 和合共生: 基层治理现代化的中国之道[J]. 中国行政管理，2022(7)：16-22.

② Zhang W, Lam J S L. Maritime cluster evolution based on symbiosis theory and Lotka - Volterra model[J]. Maritime Policy & Management, 2013, 40(2): 161-176.

③ 郭金云. 共生型社区服务的生成逻辑与优化路径[J]. 中国行政管理，2022(7)：29-38.

④ 杨志军，徐琳航. 新时代开展国家治理与社会行动的共生共在逻辑[J]. 河南师范大学学报(哲学社会科学版)，2022(4)：22-29.

⑤ 宁连举，刘经涛，肖玉贤，等. 数字创新生态系统共生模式研究[J]. 科学学研究，2022(8)：1481-1494.

⑥ Themelis C, Sime J A, Thornberg R. Informed grounded theory: A symbiosis of philosophy, methodology, and art[J]. Scandinavian Journal of Educational Research, 2022, 20(1): 1-14.

⑦ 苏海洋，陈朝隆. 联系与竞合: 粤港澳大湾区城市群旅游共生空间若干问题研究[J]. 人文地理2022(4)：122-131.

式为间歇共生模式,连续函数表示共生单元间易形成连续共生或一体化共生模式,连续共生模式一般对应区间连续函数,一体化共生模式通常无区间限制[①]。

第二,共生系统能量生成机制。在企业等人类组织共生系统中,共生能量的增长能够衡量组织的管理水平与效益情况,当组织新产生的共生能量越多,其组织规模越大,管理水平越强,行业不可替代性越强[②]。共生能量的衡量指标叫作共生度,共生系统的生存和发展能力依靠共生度的大小反映出来。共生度是动态变化的,反映了共生系统的本质特征。共生系统中的能量增值并不是单个共生单元能量的简单积累,而是发生了质的飞跃,共生系统的全要素共生度对共生能量的产生有着内在必然联系,同时共生能量受共生密度和共生维度的影响。

第三,共生系统界面选择机制。在选择共生界面时,必须遵循共生系统最优发展目标,在完全信息系统中选择非竞争性和相关性的共生界面,在非完全信息系统中选择竞争性共生界面[③]。适宜的共生界面是提高共生单元数量和质量的一个重要途径,一般在选择共生界面时会根据共生能量对共生体的数量和质量的影响程度来决定[④]。

第四,共生系统相变与进化机制。相变一般用来描述一种状态的变化,在共生系统的演化中,共生系统由一种状态到另一种状态的转化,这就是共生体系的相变。各质参量兼容、共生能量增容、共生界面选取方式、共生系统相变都在进化理论的指导下演变,能够识别共生系统的出现原因、发展水平以及掣肘因素[⑤]。

---

① 吴金玉,胡斌,杨坤. 技术创新网络的一个知识协同模型:共生理论与协同学的融合视角[J]. 科技管理研究,2019(4):85-91.

② 赵曼丽. 从协同到共生:农村公共服务供给的理论构建与超越[J]. 江海学刊,2013(3):213-218.

③ 朱锐,等. 再制造的行为模式:不完全竞争性与协同共生[J]. 中国工业经济,2012(8):69-81.

④ 彭建仿. 供应链环境下安全农产品供给的协同机理研究[J]. 财贸经济,2011(3):89-95.

⑤ 孟方琳,田增瑞,赵袁军,等. 公司创业投资的共生演化与培育机制研究[J]. 科学学研究,2022(4):684-694.

2.4 共生理论：长三角区域医养结合链式发展分析契合性

合作是共生关系的本质特征，共生并不排斥竞争，与通常竞争不同，共生并非排斥单元间的竞争，而是更为强调各竞争单元之间相互吸引和合作。在竞争共生系统中，共生单元存在相互竞争、相互发展的作用关系，这种竞争是由共生单元的内部结构与功能的革新来推动共生系统整体竞争力的增强[①]。但这种共生强调了一种新的合作关系，虽然此类共生包含了竞争和冲突，但它强调的是一种新的、富有创造性的协作关系，这种合作来自竞争[②]。共生强调的是在特定时空条件下，竞争双方相互理解，具有正面积极的态度。共生过程是共生单元的必然进化过程。协同发展是共生系统内一种高层次的相互关系，是任何一个共生个体都无法单独实现的；在共生进化的过程中，共生单元完全独立、自主。同时，新的共生体和新的物质结构也随之产生。长三角区域医养结合养老服务共生发展，是一种在长三角区域社会、经济、生态平衡的大环境下，各区域城市寻求自我定位的一种方式，长三角区域医养结合养老服务链式发展是共生系统发展的总趋势和总方向。具体来说：

首先，长三角区域医养结合养老服务的链式发展可被视为一个社会共生系统，其具备构成共生体的共生要素。故江苏省、浙江省、安徽省、上海市的医养结合服务可被视为社会共生系统中的四个共生单元。

其次，长三角三省一市不同的资源禀赋和特殊的地理方位，为实现长三角区域医养结合养老服务的链式发展奠定了坚实基础，并为其营造了一个良性的共生环境。一方面，随着长三角一体化战略进一步深化，长三角区域经济的集聚程度、区域联动性、政策协同能力得到加强。与此同时，长三角各省市政府也在致力于改善长三角区域的公共服务水平，为实现长三角医养结合养老服务的链式发展提供了强有力的保障[③]。另一方面，长三角区域的老年人在生活习惯、思想观念等方面也存在着许多共性，为长三角区域医养结合

[①] 刘荣增. 共生理论及其在我国区域协调发展中的运用[J]. 工业技术经济, 2006(3): 19-21.
[②] 冷志明, 张合平. 基于共生理论的区域经济合作机理[J]. 经济纵横, 2007(4): 32-33.
[③] 朱俊成. 长三角地区多中心及其共生与协同发展研究[J]. 公共管理学报, 2010(4): 39-48.

养老服务的链式发展提供了内在推动力①。

　　再次，长三角区域医养结合养老服务的链式发展共生系统的共生基质较好。长三角各省市优势资源互补，政府政策协同，进一步推动了区域医养结合养老服务链式发展。浙江省和江苏省拥有良好的气候，宜居的生态环境，雄厚的民间资本力量以及强大的信息技术和信息经济基础，为开展智慧养老服务和建立信息服务平台创造了良好的条件。安徽省位于苏浙皖沪腹地，地理位置优越，生态环境优良，民俗文化丰富，相比于苏浙沪地区，可用于养老服务业的土地资源更为充裕，人力成本和物价水平更低。上海市拥有先进的医疗资源和高素质的养老服务专业人才资源，发展养老服务的经验丰富。因此，长三角三省一市作为共生单元，拥有各不相同的医养结合养老服务资源禀赋，可实现资源的优势互补、互利共赢。

　　最后，目前长三角区域积极推动区域医养结合养老服务的链式发展共生界面构建。共生界面可被划分为两种类型：有形共生界面和无形共生界面。其中，长三角多层次、立体化的交通网络以及协同平台的建设等属于有形的共生界面；而区域医养结合养老服务的链式发展统一标准的确立，则属于无形的共生界面。

---

　　① 冯臻，国云丹.中国未来养老地产发展的研究与探索——基于长三角地区养老需求调查的实证研究[J].兰州学刊，2014(9)：122-128.

3 搭链：长三角区域医养结合养老服务共生链连接

2021年2月26日，中共中央政治局就如何完善覆盖全民的社会保障体系进行了第二十八次集体学习，习近平总书记在主持学习时强调，我国社会保障制度改革已进入系统集成、协同高效的阶段。我国要准确把握社会保障各个方面之间、社会保障领域和其他相关领域之间改革的联系，提高统筹谋划和协调推进的能力，确保各项改革形成整体合力。随着长三角一体化上升成为国家战略，区域社会保障制度一体化尤为引人关注，成为社会保障制度系统集成的"试验田"。2019年6月，长三角三省一市民政部门合作备忘录明确将江苏苏州，浙江嘉兴，安徽芜湖、池州以及上海各相关区作为长三角养老服务一体化区域融合的试点地区[①]。对长三角区域养老服务进行试点是医养结合养老服务进一步融合发展的基础工作。但是当前长三角区域养老资源的供给与需求不匹配，单就上海而言，按照现在的老年人口增速以及养老床位数的发展情况，在未来极有可能出现老年人在本地"无床养老"的情况。而江苏、浙江、安徽三地则有大量的养老床位数余留，足够提供给床位紧缺的上海。基于此，面对养老资源分布的"冷热不均"问题，推进长三角区域内养老资源共生链连接势在必行。

---

① 试点地区将建立定期协作协商机制，建立养老服务机构异地处罚及时通报、区域范围内养老机构黑名单制度及养老机构诚信系统，推行养老服务统计制度，试点推广区域内养老服务标准、照护需求评估、养老护理员资格、养老机构院长从业资质互认，建设区域养老服务信息管理统一平台，统筹规划养老产业布局，促进区域养老资源共享，激发养老服务市场活力。

3.1 长三角区域医养结合养老服务共生链连接基础分析

3.1.1 长三角区域医养结合养老服务需求分析

第一，长三角地区是我国老龄化最严重区域。长三角区域是我国老龄化程度最深的地区之一，国际上普遍认为，当某个地区 65 岁及以上人口比例超过 14% 时，则认为该地区进入"中度老龄化"社会。据第七次人口普查数据显示，长三角区域的三省一市老龄化系数均超过 14%。因此，长三角区域已经整体进入"中度老龄化"社会①。依据社会人口的分类，0~14 岁为少年人口、15~64 岁为成年人口、65 岁以上为老年人口。在 2010—2020 年间，长三角区域老年人口与少年人口已分别达到 3550.8 万人、3589.6 万人，其对应的老少比（老少比=老年人口数量/少年人口数量）也呈整体波动上升的趋势，加之常住人口中的老年人口占比与少年人口占比之间在缩短差距，可见其老龄化趋势还是在持续加重。另外，长三角三省一市的户籍人口老龄化程度在省市间的差距较大。以 2018 年为例，上海市户籍人口老龄化程度最高且增速最快，60 周岁及以上老年人口比重从 2010 年的 23.44% 上升到 2018 年的 34.39%，年均增速为 4.90%。而安徽省户籍人口中 60 周岁及以上老年人口比重 2018 年为 16.37%，仅为上海市同年份的一半。江苏户籍人口中 60 周岁及以上老年人口比重从 2010 年的 17.48% 上升到 2018 年的 23.04%。浙江省户籍人口中 60 周岁及以上老年人口比重从 2010 年的 16.60% 上升到 2018 年的 22.43%。江苏、浙江年均增幅分别为 3.51% 和 3.83%，较为相近。笔者结合第六、七次人口普查数据以及长三角区域各省统计局官方公示数据，对长三角区域 65 岁以上老年人口的增速情况进行了统计，见表 3-1。2016—2020 年间，共增加了 804.82 万 65 岁以上的老人，平均每年约增加 201.21 万人。其中，2018 年到 2019 年的增速最快，为 9.38%，增加了 290.61 万人。

---

① 以 65 岁以上为老年人口为标准，老龄化系数（%）=（65 岁以上老年人口数/总人口数）×100。老龄化系数又称老龄化指数，人口老化指数或老少比：是指老年人口占少年人口数的百分比。这指标反映人口老龄化的程度。

可见，长三角区域 65 岁以上老人数量的增长一直保持着较快的增速①。

表 3-1　2016—2020 年长三角区域 65 岁以上老年人口增速表

年份	2016 年	2017 年	2018 年	2019 年	2020 年
老年人口	2745.98	2928.68	3098.34	3388.95	3550.80
老龄化系数	12.37%	13.10%	13.75%	14.92%	15.10%
增长率	24.50%	6.65%	5.79%	9.38%	4.78%

注：结合第六、七次人口普查数据以及长三角区域各省统计局官方公示数据整理而成。

从表 3-2 可以看出，未来长三角老龄人口将大幅增加，老龄化程度将达到 33%。

表 3-2　长三角区域老龄化程度预测

年份	60 岁以上的老人数/万人	老龄化程度/%
2017	4416	20.79
2020	4600	21.00
2035	7500	33.00

注：数据来源于 2018 年上海社会科学院城市与人口发展研究所研究报告。

可见，长三角区域进入高速增长的老年型社会。另外，长三角区域的老龄化呈现出以下四个特征：其一，年轻年龄层的增长速度比老年年龄层的增长速度要快得多。年轻老年人比例的增加，是人口老龄化过程中的一大特征。其二，登记人口和居住人口的老龄化进展有差异。人口流入多的省市，居住人口的老龄化程度低于登记人口的老龄化程度，登记人口的老龄化程度低于

---

① 长三角地区的社会老龄化程度较之全国有两个明显的特点。第一，长三角地区较早进入社会老龄化，部分地区甚至更早地迈入了老龄少子化阶段，具体来看，上海、江苏的人口自然增长率均为负数，浙江人口出生率为 1978 年以来的新低，安徽出生人口也呈明显下降趋势。第二，长三角地区的老龄化社会发展程度较高、发展速度较快，整体已经进入人口加速老龄化阶段。这样的背景意味着，一方面，相比于全国其他地区，长三角区域将面临更加严峻的养老产业发展要求；而另一方面，长三角地区较长的社会老龄化应对经验同样也为养老产业发展提供了良好的环境土壤与发展前景。

永久居住人口的老龄化程度。其三，各省市户籍人口老龄化水平差异很大，上海市是老龄化增长速度最快的城市；江苏与浙江老龄化程度相差无几；安徽老龄化程度最低，接近全国平均水平。其四，由于平均预期寿命的增加和生活模式的变化，纯高龄者和独居高龄者的比例在增加，残疾人高龄者和半残疾人高龄者的比例也在增加。结合老年人群体特征来看，长三角区域中高龄老人队伍庞大，老年人对日常生活疗养以及医疗健康护理的需求只增不减，各省市在发展养老事业和开展医养结合服务方面肩负着沉重的压力，未来社会整体的发展同样面临着严峻的挑战。

第二，长三角区域医养结合养老服务需求难以满足。随着人们的生活品质日益提高，养老服务需求端呈现量多、分散的特点。长三角区域作为经济发展较为领先的区域，加之老年群体本身文化水平、经济实力以及身体健康状况参差，各省市极难独立规划所有的医养结合服务项目来提供全方位的医养结合养老供给服务。据《中国城市养老服务需求报告2021》统计，50岁以上受访者除了有基本的生理、安全需求，对社交、尊重和自我需要的需求也很强烈。若以健康状况为参考，处于不同健康水平的老人，虽然养老服务需求有些许差异，但都涵盖了对日常餐饮提供、康复与护理、医疗健康服务、文化娱乐活动、清洁卫生等方面的需求。老年人的身体健康状况分为健康、亚健康、有慢性疾病和有重大疾病四种状态。其中，身体健康者更倾向于对日常餐饮提供有需求，亚健康者则倾向于对健康相关知识的传播学习，而身体健康状态不佳、有慢性疾病甚至重大疾病者，则更倾向于日常的护理照顾。2020年全国80岁以上的高龄老人数量约为3000万，约占人口总数的2%。与之相较，长三角三省一市的高龄人口比例已达到3.5%。同时，长三角地区的户籍人口总计约占全国人口总数的10%，这意味着，长三角区域有着基数巨大的高龄老人群体[①]。高龄老人群体作为长三角区域社会系统中一个需要被特殊照顾的群体，其需求繁杂，这使得医养结合的服务项目在推行过程中面临着巨大的需求匹配问题。

---

① 高龄老人人口数量众多，意味着长三角地区所面临的针对高龄失能失智老人的照护需求和隐性的服务需求相较于全国其他地区更加迫切和紧急。从产业的角度来看，除了照护服务设施的建设与照护服务的提供之外，照护相关用品及康复辅具产业的市场同样巨大。

3 搭链：长三角区域医养结合养老服务共生链连接

3.1.2 长三角区域医养结合养老服务供给分析

第一，长三角区域养老服务设施覆盖分布不均衡。到2020年末(见表3-3)，长三角区域养老机构共有7927所，养老床位数172.18万张。长三角区域户籍老人人均占有的床位比例为3.535%，浙江省户籍老人床位拥有率占比最高，为4.02%；紧随其后的江苏省占4%，其次为3.12%的安徽省，上海市为3%。内置医疗机构的养老机构有2691个，江苏省养老机构内设医疗机构数量在三省一市中位列第一，数量为1065家，占比为45.53%。

表3-3 2020年长三角养老机构数量情况统计表

地区	养老机构		养老床位			内设医疗机构	
	数量(家)	所占比例	数量(万张)	所占比例	户籍老人床位拥有率	数量(家)	所占比例
上海	729	9.20%	15.9	9.05%	3.00%	317	43.48%
江苏	2339	29.51%	74.2	42.23%	4.00%	1065	45.53%
浙江	2299	29.00%	45.4	25.84%	4.02%	528	22.97%
安徽	2560	32.29%	36.68	22.88%	3.12%	770	30.10%
合计	7927	—	172.18			2691	

注：根据长三角三省一市民政厅(局)提供资料统计而成，统计数据截至2020年底。

从表3-4中可以看出，长三角区域的公立养老院2234家，约占28.18%；共有2062家公私合营养老院，约占26.01%；私营养老院3631家，约占45.81%。

表3-4 2020年长三角运营机构养老模式统计表

地区	公建公营机构(家)	公建公营比例	公建民营机构(家)	公建民营比例	民建民营机构(家)	民建民营比例
上海市	173	23.73%	200	27.43%	356	48.83%
江苏省	751	32.11%	411	17.57%	1177	50.32%
浙江省	260	11.30%	693	30.10%	1346	58.60%
安徽省	1050	41.00%	758	29.60%	752	29.40%
长三角合计	2234	28.18%	2062	26.01%	3631	45.81%

注：根据长三角三省一市民政厅(局)提供资料统计而成，统计数据截至2020年底。

根据三省一市的社区居家养老服务机构的功能定位和服务类型，不同地区的社区居家养老服务机构可分为综合机构、日间照料机构、餐饮机构及老年人活动室，详细见表3-5所示。

表3-5 2020年长三角区域养老设施数据统计表

省(市)	设施名称	职能定位	设施数量
江苏省	社区居家养老服务中心	助餐、助浴、助洁、助急、助医、护理、探望、助行、助购、助乐、助聊、助学、开设家庭养老床位、精神慰藉等14项服务	1.82万家
江苏省	老年人日间照料中心	日间照料和短期托养服务	589家
江苏省	社区老年助餐点	集中用餐和上门供餐服务	7000余个
浙江省	社区居家养老服务照料中心	满足老年人日间照料服务需求	2.34万个
浙江省	居家养老服务中心	兼具日间照料与全托服务功能	1105家
浙江省	老年活动室	娱乐、文化、休闲服务	3.14万个
浙江省	老年食堂	重点为高龄、生活不能自理的老年人提供上门送餐服务	15959个
安徽省	县级养老服务指导中心	行业管理功能：协助民政等主管部门。资源统筹功能：老人需求、服务组织的统筹管理。成果展示功能：服务资源展示和老年产品用品体验场所。服务主体孵化功能：设置居家养老服务企业孵化场地。人员培训功能：开展家庭照护技术培训和指导	83个
安徽省	街道(乡镇)养老服务中心	直接为老年人服务：为周边社区老年人提供助餐、助浴、健康指导文化娱乐等服务。服务转介功能：为有集中住养需求的老年人，安排入住相宜的养老机构。辅助管理功能：受理养老服务补贴申请。人员培训功能：开展家庭照护技术培训和指导	1507个

3 搭链：长三角区域医养结合养老服务共生链连接

续表

省(市)	设施名称	职能定位	设施数量
安徽省	社区养老服务中心(站)	集中照护服务：聚焦社区高龄、失能失智等老年人集中照护刚需。助餐助浴服务：为社区居家老年人开展助餐、助浴服务。健康指导服务：为老年人提供医疗卫生服务	2858个
上海市	综合为老服务中心	"一站式综合服务"，提供综合服务(日托、全托、助餐、医养)的设施和咨询、受理的办事窗口	372家
上海市	长者照护之家	聚焦就近集中照护，提供喘息服务的全托机构	221家
上海市	日间照护机构	为失能失智以及其他生活自理困难的老人提供日间托养	841家
上海市	标准化老年活动室	提供休闲娱乐服务的社区老年人活动场所	6223家
上海市	社区示范睦邻点	郊区为重点"邻里互助圈"	3344个
上海市	助餐点	就近集中就餐和送餐服务	1444家
上海市	长者健康运动之家	体质测试、基础健康检测、科学健身指导、慢性病运动干预、运动康复训练、健康知识普及和休闲社交	18家

注：根据长三角三省一市民政厅(局)提供资料统计而成，统计数据截至2020年底。

第二，长三角区域医养结合养老服务所需的医护人员供给不足。与一般养老机构和医院的护理人员有所区别，医养结合养老服务所需人员要同时具备养老、医疗两项的工作职能。具体来说：医养结合养老服务人才不仅需要照顾老人的日常生活，还需要为老人提供观察病情、输液、急救等医疗服务。目前来看，医养结合养老服务是一种全新的服务方式，还未在全社会普及，相关的规章制度还不是很完善，特别是在医养结合养老服务人才的培养方面，缺乏专业的培养体系和行业标准。长三角区域部分拥有老年服务的医疗单位，全部由专职医护人员组成，造成了资源的浪费，而具备医疗资质的养老院多数是由社会直接聘用的人员组成的，部分聘用人员未受过专门训练，对医养结合养老业务技能欠缺，需要进一步提高水平①。故长三角区域亟待强化老年护理专业技术人才培养，以保证和促进我国老年保健事业的健康发展。

3.2 长三角区域医养结合养老服务共生链连接机遇

3.2.1 长三角区域医养结合养老服务共生链连接的战略机遇

第一，长三角区域一体化战略为共生链发展提供机遇。长三角区域一体化发展战略的正式提出与实施为长三角区域医养结合养老服务链式发展提供了良好的发展契机。长三角一体化发展上升为国家战略，国家层面以及整个长三角区域地方政府对此大力支持，并积极倡导长三角区域内的各地开展区域联动合作。当前长三角区域出台了多项围绕推进长三角一体化发展的通行政策。同时，实施和发展长三角一体化战略，可以在外部为三省一市在区域协作方面提供更加良好的条件，为长三角区域突破行政壁垒创造有利机会。在此背景下，探究和推进长三角区域医养结合养老服务链式发展，能够缓解人口老龄化所带来的养老压力，有利于区域社会和谐发展，是健全长三角区域社会保障服务体系的实际需要，也是改善民生的重点内容。因此，养老服务一体化是推动长三角一体化发展的重要突破点，故大力推进区域养老服务协作共同体的发展是推动长三角区域一体化战略的重要选择。

第二，为实施健康中国国家战略提供机遇。推动长三角区域养老服务链式发展不仅是长三角区域一体化战略重要一环，也有利于推动健康中国建设。2016 年，我国正式出台了健康中国 2030 规划纲要，纲要中指出，到 2030 年，主要从全民健康的制度体系、健康领域发展、健康生活方式、健康保障水平、服务质量等方面来推动健康中国战略；到 2050 年，建成与社会主义现代化国家相适应的健康国家。身体健康是人的全面发展中的基本前提，并且健康对

---

① 例如：合肥市滨湖医院老年科，所有护士都是从医院里招募来的，大部分都是专科以上的毕业生，他们要通过笔试、面试和英语口试，成绩高者才能进入。合肥市卫生行政部门对合肥市公立医疗机构的护士进行招募，按各自的岗位数量进行调配，并对护士的招募提出了更高的要求。相较于重症监护室、手术室或普通病房，老年科缺少对护士在专业技能方面的培养，专业护理人员对老年护理的认同感不足，人力资源浪费现象也普遍存在。而一般的养老院，因为没有医疗机构的资质，所以不具备聘用职业护士的资格，没有医疗资质的一般护工，只能是照顾老人基本生活，不可能为生病的老人进行专业的治疗，所以整体的护理服务水平并不高。

3 搭链：长三角区域医养结合养老服务共生链连接

于经济社会发展来说，也是必备条件。党的二十大报告当中也指出，人民健康能够体现出国家和民族的强盛，将保障人民健康摆在优先发展的重要地位，进一步改进、完善人民健康水平需要国家相关政策支持，实现长三角区域医养结合养老服务链式发展也是落实健康中国战略的重要政策。故推动长三角区域三省一市医养结合养老服务发展是实现健康中国的必由之路。

3.2.2 长三角区域医养结合养老服务共生链发展的现实机遇

第一，长三角区域经济一体化深入推进。自2018年长三角一体化发展上升为国家战略以来，长三角地区GDP的全国占比逐年上升。2021年，长三角地区三省一市GDP在全国占比24.1%，正加速成为我国发展强劲的经济发展区域，研发经费投入在全国占比达到29.8%，进出口总额达到14.1万亿元，占到全国的36.1%，同比2018年增长了27.7%，全域固定资产投资同比增速为8.1%。长三角区域的工业增加值、社会消费品零售总额和地方一般公共预算收入在全国占比都达到25%以上，分别为25.6%、25.3%和26.6%。长三角区域已经发展为国内综合经济实力最突出的地区①，为长三角区域医养结合养老服务共生链发展奠定了良好的经济基础。

第二，长三角区域交通设施更加便利。在推进区域一体化发展的过程中，交通一体化具有关键的基础性作用。长三角区域已经形成了以上海为中心的综合交通运输网络。交通网络的持续优化完善，极大地促进了区域资源得到更优配置，推动区域之间经济更加均衡发展，有利于医疗、养老、文化、教育等多领域的公共资源在不同地区之间的交流与共享，这就能为长三角区域医养结合养老服务共生链发展提供新途径。

第三，长三角区域信息化建设领先发展。若未实现信息的一体化，就难以真正做到长三角地区的经济一体化发展。2013年，长三角各省市共同制定了长三角信息化合作"十二五"规划，在规划当中提出，在信息一体化发展的基础上开展信息产业的合作。在16个主要城市中开展信息产业合作，不断推

---

① 国家发展改革委2020年10月公布的营商环境评价结果显示我国25个城市营商环境便利度高，14个城市营商环境改善幅度最大。在前10名城市中，长三角区域占据3个城市，依次为上海（0.6062）、杭州（0.4718）、南京（0.432），这表明长三角地区的城市经济分工明确、市场活跃度高、投资吸引力大、营商环境水平高。

进科研和制度上的协同,为异地享受养老服务提供技术支撑。

第四,长三角各地在人文历史方面相近。长三角三省一市距离较短、血脉相连、气候相似导致生活方式类似,"多城养老生活"是老年人自然而然的需求①。长三角地区的文化相互交融,"吴越为邻,同俗并土""夫吴之与越也,接土邻境,壤交通属,习俗同,言语通"等表现出长三角地区的地理位置与历史文化的相似性,空间距离为人们的交流与来往提供了条件,使长三角区域"吴越文化"底蕴深厚,历史文化认同感为长三角区域的一体化发展打下了基础。近四十年来,长三角区域在改革开放的引导下成为一个整体,区域各地区处于"你中有我,我中有你"的协调发展状态,经济和文化的融合发展也在进一步深化,因此,实现长三角区域内部的公共服务一体化具有一定的现实性。区域内部各多元主体基于传统文化认同的理念共同发展,长三角区域医养结合养老服务共生链发展具有先天的优势与现实基础。

3.3 长三角区域医养结合养老服务共生链连接平台逐步搭建

第一,长三角区域医养结合组织平台逐步完善。2018年11月,在三省一市民政部门的共同推动下,长三角养老协会联合体于浙江杭州成立;2019年4月,联合体于上海浦东正式揭牌。长三角养老协会联合体由上海市社会福利行业协会、江苏省老龄产业协会、江苏省华瑞老龄服务产业发展研究院、浙江省老年服务业协会、浙江省民政事业发展促进会、安徽省慈善与社会福利协会共同发起。联合体不仅在养老服务方面进行交流学习,而且树立了很多典型企业,对养老服务机构进行评估,构建了一个养老服务协调发展的平台,推进了长三角区域对养老服务的标准化制度建设。上海长三角区域养老服务促进中心于2019年12月成立,成为支持养老服务协同发展的重要机构。长三角区域养老服务促进中心目前已完成上海市养老政策汇编,涉及设施建设、养老补贴、医养结合、人才队伍等内容,为养老服务行业发展、养老服务企业投资、各地民政部门制定政策提供了重要参考。中心为养老行业提供产业

---

① 在长三角区域内,老年人旅居养老、随迁养老等异地养老现象并不少见,长三角养老服务企业的跨省市经营更是常见。相似的人文发展、饮食偏好习惯、语言沟通等可以打造良好的异地养老环境,使长三角地区的老年人无论在长三角哪座城市都能尽快地适应当地的养老环境。

3 搭链：长三角区域医养结合养老服务共生链连接

协同、体系规则、标准规范、行业赋能服务，聚焦以上海为中心，辐射长三角区域，汇集政府、行业、产业领域的相关专家、学者智慧，对养老政策、养老行业运营管理、养老服务和产业发展领域专业研究，形成政策建议，促进长三角区域医养结合养老服务的链式发展。

第二，长三角区域人才共享平台成立。专为养老人才举办的"首届长三角养老人才招聘会"由三省一市的民政部门联合开展。并且成立了包括24家协会和37所院校的"长三角养老行业人才培养"的信息资源平台，为长三角区域养老服务一体化发展储备专业人才。在三省一市养老服务业协会的支持下，首届长三角养老服务人才招聘会于2019年6月举办，共有41家养老服务企业参与本次招聘会。招聘会不仅帮助了养老企业，而且为高校、专家都提供了交流养老服务的平台。2019年9月，人才培养共享平台的成立为长三角建设一支高素质、专业化的养老服务行业人才队伍提供了保障。在平台中包括了从学历教育到实习的一体化培养内容，多家协会、高校与企业在专业、师资等方面进行了合作。长三角现有43所公办专科学校开设了养老服务类相关的技术专业，有20000多名在校生，为养老行业贮备了高层次人才。

第三，长三角区域内养老服务综合信息服务平台搭建完成。上海市的养老服务综合信息平台在2019年5月开通，其中以"九宫格"形式直观展示了"机构查询、办事指南、政策检索"等多项养老服务。上海市的养老服务信息平台综合性强，功能完善。具体来说：其一，整合养老服务信息。该平台整合全市数千家养老服务机构及设施的信息，类型包括助餐服务场所、社区综合为老服务中心、养老院、养老服务组织、长者照护之家、日间照护机构及护理站（院）等七大类，在平台内可以实现便捷的查询服务。其二，统筹上海市养老资源，该平台面向社会关注养老的部门、企业及个人等发布展示关于养老服务的政策文件、官方信息、热点动态、项目规划等信息，便于行业从业者了解相应服务内容及为专家开展研究工作提供资源支持。其三，在该平台可以实现养老服务数据化管理。在养老服务综合平台中囊括了关于养老需求、养老机构、养老资金、养老保险以及社区居家养老平台的数据，在其中可以实现养老数据的联动共享，为养老服务的管理、政策的制定提供有力依据。平台可以提供私人订制服务，根据老年人的经济条件、身体状况和养老需求，运用大数据计算进行推荐，精准匹配与老年人需求相适应的养老机构及设施，在平台上可以获取相应的建议，规划老年人独有的养老方式。更为实用的是老年人可以实现足不出户选择相应的养老机构，在平台上可以查看机构的实景图片、入住价格和实际概况。养老综合信息平台同样实现了较为简单的查询办法，对于养老服务机构及设施可以分别按照类别、名称、距离等直接在平台地图中进行搜索，不仅可以对周边状况进行了解，机构的评定等级、监测及奖惩状况都可以展现在平台上。关于养老服务行业的相关政策及讯息同样可以分类查询，按照关键词、发文时间、文号及发文单位等进行一键查询。平台最有特色的是开通长三角专栏，有需求者不仅可以了解上海市的养老政策与动态，还可以实现养老服务一体化发展信息资源的"一键通查"。

第四，长三角区域内智慧养老服务平台构建。浙江省民政厅主导建设了省级统建智慧平台——"浙里养"智慧养老服务平台。全省养老服务大数据是智慧养老服务平台的基础，在其中可以为老年人提供社区、居家、机构的养老服务，同样包括医养、康养以及志愿服务。在此平台中包含多个模块，例如：受理、支付、评估、监管等，根据这些模块可以实现养老服务的统一评估、严格监管等目的。并且通过大数据分析，政府财政性补助资金可以按需拨款到符合要求的社会组织、养老企业及个人的统一账号内。在"浙里养"平台，可以整合养老、医疗资源，与老年人需求清单进行实时对接，并由专业的养老护理员开展上门服务，让老年人在熟悉的居家环境中得到有针对性的养老服务，减少传统居家养老服务不专业的弱点，让养在床边、康护上门成为现实。

3.4 长三角区域医养结合养老服务共生链连接基质逐步完备

第一，长三角区域异地养老逐步推广。长三角区域三省一市为异地养老出台了相关政策文件，具体包括《长三角区域养老合作与发展上海共识》《长三角基层社会治理一体化发展备忘录》及《深化长三角区域养老合作与发展合肥备忘录》。协作发展备忘录已经在长三角区域 40 多个地区签署，其中的协作内容包括养老政策公开、养老标准互认与资源流动等，为长三角区域医养结

3 搭链：长三角区域医养结合养老服务共生链连接

合养老服务的共生发展奠定基础，打开了共建共享的新局面。养老政策、养老服务补贴等信息的公开，将通过建立统一的养老服务信息平台来实现。依托四省市政府官方网站、市（区）民政官方网站及养老服务信息平台，统计区域养老服务信息，并向社会发布，让老年人获得实用服务信息，让企业获得有效投资信息。标准互认是推动养老服务市场要素自由流动的前提，现有的养老服务设施、服务管理模式以及老年照护评估的标准实现互认互通，可以让老年人更愿意选择异地养老，护理员和养老院长的培训、资格互认，可以让养老人才流动起来。政策互通和产业促进则消除了老年人和企业的后顾之忧。在长三角地区，异地生活的老年人只需"先备案，再持卡"，就可以在已开通异地结算的医疗机构刷医保卡。如：江苏盐城东台建设了长三角首个跨行政区康养政策协同试验区"长三角（东台）康养小镇"，助力床位跨区域开放。另外，以上海市闵行区、浙江省丽水市与安徽省安庆市为例，三地已经签订了协作发展养老服务备忘录，根据人口、资源等因素进行规划布局，共同建立养老服务管理平台。2020年，上海发布了首批长三角异地养老机构名单。其中江苏省共9市16家机构，核定床位7432张；浙江省共8市15家机构，核定床位9566张；安徽省6市23家机构，核定床位8700张，三省核定床位共计25698张。养老机构跨区域开放符合异地养老发展的趋势，而且能够满足长三角区域老年群体异地养老的床位需求。

第二，长三角区域异地就医试点范围逐步扩大。2018年9月，上海开通8个门诊费用异地直接结算门诊试点统筹区。目前该统筹已扩大到长三角地区41个城市，覆盖5600余家医疗机构。长三角区域的居民可以在41个城市中的主要医疗机构实现持卡就医和实时结算。2019年11月，已有1576家长三角地区的医疗机构可以实现门诊直接结算，浙江可以和江苏、上海进行双向门诊费用的直接结算。而安徽与江浙的异地门诊直接结算联网，目前已调试完毕，苏、浙、皖全省域异地门诊直接结算互联互通如今已经实现。但是由于"参保地政策、就医地目录"原则在异地就医门诊费用直接结算时同样适用，导致参保地不同则医保补偿水平也存在差异，例如，安徽参保人在其他三个地区异地就医的门诊医保报销比例均在26%左右，需要进一步优化方案。

第三，长三角区域逐步推动异地结算。2016年6月，针对长期护理保险的《关于开展长期护理保险制度试点的指导意见》由人力资源和社会保障部共同出台，开始了长期护理保险制度的试点工作，其中15个城市成为首批试点城市。2020年9月，国家医疗保障局会同财政部经国务院同意共同下发了《关于扩大长期护理保险制度试点的指导意见》，在意见中增加了14个试点城市。长三角区域中江苏省苏州市、江苏省南通市、浙江省宁波市、安徽省安庆市、上海市为长期护理保险国家试点城市；江苏省无锡市、常州市、扬州市与浙江省嘉兴市、温州市为长期护理保险自行试点城市。在上海通过长期护理保险评估的失能老人，不仅可以在上海定点长护险品牌养老机构进行结算，还可以在长三角其他区域的连锁店进行长护险的异地结算服务。2021年上海市民政局、医保局等部门发布了15家长三角区域养老机构长护险费用延伸结算试点机构名单。15家机构分别来自江苏省与浙江省的14个城市，其中延伸结算试点机构有为舒孝、亲和源、九如城、人寿堂、红日等养老连锁机构。因此，在以上机构经过评估的老人可以按照相关程序进行备案，备案后则可以享受长期护理保险的异地延伸结算。

3.5 结语

自从长三角一体化国家战略和健康中国提出以来，长三角区域的各个城市都积极推动一体化发展，在养老服务方面各个层级的政府部门召开合作论坛，为长三角区域医养结合养老服务链式发展建言献策。长三角区域地缘相连、经济相融、交通便利、文化趋同、人员流动频繁，各个地区之间联系紧密，这为长三角区域医养结合养老服务共生链连接提供了天然的外部友好环境。与此同时，长三角区域医养结合组织平台、人才平台、信息平台以及智慧养老平台的逐步完善为长三角区域医养结合养老服务共生链连接奠定了坚实的基础。长三角区域异地养老逐步推广、长三角区域异地就医试点范围逐步扩大以及长三角区域逐步推动异地结算为长三角区域医养结合养老服务共生链连接提供了具体路径。但长三角区域医养结合养老服务共生链互通是一项长期复杂的工程，不可能一蹴而就，需要逐步推进。

4 串链：长三角区域医养结合养老服务政策链联通

为提高老年群体高质量养老生活，国家先后发布60多项政策文件，清晰地规划部署了医养结合的未来发展道路，在全国90余个城市进行全面试点，在出台多项试点政策的同时，建立了一批医养结合示范单位，选拔人才，配置财政资金，大力推进医养结合养老服务发展，不断完善医养结合的政策框架。长三角地区作为国家发展的重点区域之一，也为医养结合养老服务的发展提供了很多政策支撑。本章整理了国家及长三角三省一市的政府发布的关于医养结合政策的法律法规等文件。

4.1 长三角区域医养结合政策发展历程

作为经济较发达地区，长三角区域一直积极发展医养结合养老服务相关产业，并出台了一系列的政策推动医养结合养老服务体系发展，这也为我国其他区域养老服务一体化发展奠定了发展基础，指明了发展方向，从政策的时间线索上来看，大致可分为四个阶段。

4.1.1 萌芽阶段(2000—2012年)

医疗和养老相融合的理念处于萌芽阶段，相关工作已在酝酿中。在这期间，医养结合的概念还未形成，相关政策文件都是强调"十二五"期间发展老龄事业的重要性，长三角地区部分省市也分别出台了"十二五"老龄事业规划，迎接老龄化的到来。直到2013年国务院出台文件指导医疗和养老结合发展，医养结合概念才初步形成，医养结合养老服务模式才正式被提上政府工作日程，长三角区域为了响应国家政策方针也纷纷开始探索医养结合养老服务模式。

4.1.2 发展阶段(2013—2015年)

虽然医养结合的概念尚未被定义,但是我国已经开始探索医养融合发展的模式。在这两年时间内国家和长三角地区政府出台了多个文件倡导健康养老,推进养老服务工作的落实和养老工程建设的跟进,并出台相关法律对医疗和护理相结合的养老服务规范发展予以规制,明确发展医养结合养老模式的目的就是满足老年人养老、医疗需求,从而实现健康中国的战略目标。长三角地区积极响应国家政策号召,在第一时间出台了适宜自身实际情况的实施意见,就如何快速发展养老服务行业、如何完善养老服务体系等给出了具体的实施意见。

4.1.3 完善阶段(2016—2018年)

这一时期医养结合概念已经形成,相关政策措施逐步开始进入实施阶段,从宏观设计逐渐向具体操作层面延伸。国家层面对医疗和养老资源配置进行统筹规划,为养老机构如何与医疗服务对接提供政策支持,并着重推进医养结合模式的养老机构发展,加大对养护型、医护型养老床位的建设,提升养老服务的供给效率①。国家相关部委联合印发了有关开展医养结合试点的通知文件,对外正式公布首批和第二批的国家级医养结合试点单位的名录,并选取了近100个市(区)作为国家级医养结合试点单位(长三角地区多个城市入选试点城市),要求各试点城市统筹各方资源,全面落实医养结合工作重点任务。长三角地区作为医养结合试点的重要区域之一,紧跟国家政策引领纷纷出台医养结合相关政策和指导意见,以此来促进长三角区域各地医养结合养老服务产业的发展。

4.1.4 深入发展阶段(2019年至今)

这一时期长三角区域医养结合服务一体化的发展开始步入深入发展的阶段,三省一市民政部门于2019年6月共同决定,将养老服务合作纳入本地的"十四五"民政事业发展规划,进一步完善养老服务规划方面的一体化机制,积极探索建设长三角养老服务数据资源中心的方案,促进长三角养老服务供

---

① 2016年《民政事业发展第十三个五年规划》,其中明确推动医疗卫生和养老服务相结合,实现医疗卫生和养老服务资源有序共享。

4 串链：长三角区域医养结合养老服务政策链联通

需资源的充分匹配，切实推进长三角医养结合一体化发展进程。至此，长三角地方政府部门相继达成加强区域医养结合养老合作的意向。与此同时，还大力推进民间组织的参与和协作，推动医养结合养老企业实现区域间的发展。例如，上海的15个区和苏浙皖的40个市建立了养老一体化试点合作关系。另外，长三角区域各个城市聚焦信息公开、标准互认、政策衔接、产业发展以及要素流动等方面深入开展合作，有力地促进了长三角区域养老服务均衡发展以及区域老年群体异地养老的实现。

4.2 国家层面政策：医养结合中央政府政策支持

国家从2011年开始就对医疗资源和养老服务的结合发展颁布了很多政策和法规，但伴随着我国医养结合模式进一步发展，现行的医养结合养老服务模式呈现出政策体系不够完善、法律法规不够健全以及政策执行力度不足等诸多问题，需要政府采取措施推动我国医养结合养老政策体系朝着科学、制度合理以及运行高效的方向迈进。故政府积极制定相关政策来解决上述问题。笔者通过"医养结合""养老"以及"护理院"三个关键词在政府、卫健委、人社局以及民政局的相关网站上检索政策文件，并搜集相关政策文件(含转发全国范围内文件)。其中列入的标准是：政策内容须明确提及医疗和养老资源的结合，并对医养结合养老服务的发展及其他有关内容作出直接规定或者反映。相关涉及医养结合养老服务的文件见表4-1。

表4-1 医养结合国家层面政策支持

序号	文件名称	发布时间	发布单位	文件涉及医养结合内容
1	中国老龄事业"十二五"规划	2011	国务院	拓展社区和居家养老向医疗健康延伸；鼓励开办养护型养老机构
2	国民经济和社会发展第十二个五年规划纲要	2011	国务院	以社区为依托，重点发展养老服务，积极发展社区日间照料中心，发展具有专业化的养老服务机构
3	国务院关于促进健康服务业发展的若干建议	2013	国务院	将健康理念全面融入养老服务，强化医疗卫生服务支撑；鼓励医养方合作

续表

序号	文件名称	发布时间	发布单位	文件涉及医养结合内容
4	关于加快推进健康与养老服务工程建设的通知	2014	国家发展和改革委员会等十部委	落实和支持医养政策,推动健康和养老项目建设
5	关于推进医疗卫生与养老服务相结合指导意见	2015	卫生计生委、民政部、发展和改革委员会等	建立健全医疗卫生机构与养老机构合作机制,支持养老机构开展医疗服务,鼓励社会力量兴办医养结合机构,探索建立多层次长期照护保障体系
6	关于鼓励民间资本参与养老服务业发展的实施意见	2015	民政部等十部委	鼓励私人资本参与医疗卫生机构的管理,完善融资政策、税收优惠
7	中医药健康服务发展规划(2015—2020年)	2015	国务院	促进中医药与养老服务结合试点
8	关于进一步规范社区卫生管理和提升服务质量的指导意见	2015	国家卫生计生委和中医药管理局	提高医疗卫生联合服务的能力和优化质量,促进医疗卫生联合服务的发展进程
9	全国医疗卫生服务体系规划纲要(2015—2020年)	2015	国务院	提高综合卫生服务体系的水平和效率
10	关于2015年外国政府贷款备选项目申报的通知	2015	国家发展和改革委员会和财政部	医养结合被列为外国政府贷款首项备款项目
11	中医药发展战略规划纲要(2016—2030年)	2016	国务院	将中医药与养老服务相结合规划到中医药医疗机构设置的要求中
12	2016年卫生计生工作要点	2016	国家卫生计生委	加强老年护理服务、医养结合及安宁疗护,加强对老年护理从业人员的培养
13	关于做好医养结合服务机构许可工作的通知	2016	国家民政部和卫生计生委	明确建成医养结合机构的许可流程

4 串链：长三角区域医养结合养老服务政策链联通

续表

序号	文件名称	发布时间	发布单位	文件涉及医养结合内容
14	关于落实《政府工作报告》重点工作部门分工的意见	2016	国务院	提出多种医疗机构与养老机构间协作的方式，并明确负责部门
15	医养结合工作重点任务分工方案	2016	国家卫生计生委	提出医养结合的独立政策、医疗与养老服务深入结合，并明确了相关负责部门
16	关于遴选国家级医养结合试点单位的通知	2016	国家卫生计生委	加快推进医养结合试点工作，鼓励各单位积极参与
17	"十三五"深化医药卫生体制改革规划	2016	国务院	医养资源深度融合，提出将医疗资源向社区、家庭流动延伸等措施
18	"十三五"卫生与健康规划	2017	国务院	提出促进医养结合发展的独立政策，推进医养结合重大工程建设
19	"十三五"国家老龄事业发展和养老服务体系建设规划	2017	国务院	利用社会资源发展养老服务，如设置医疗机构
20	深化医药卫生体制改革2018年下半年重点工作任务	2018	国务院	落实开放养老服务市场的政策要求，并明确各措施的负责单位
21	关于实施健康中国行动的意见	2019	国务院	要求建立完善的养老服务体系，通过建立长期护理保险制度来推动医养结合养老服务发展
22	关于推进养老服务发展的意见	2019	国务院	从深化放管服改革、拓宽养老服务投融资渠道、扩大养老服务就业创业、扩大养老服务消费、促进养老服务高质量发展五个方面促进养老服务发展
23	深化医药卫生体制改革2020年下半年重点工作任务	2020	国务院	加强医养结合监管，建立有效监管机制

续表

序号	文件名称	发布时间	发布单位	文件涉及医养结合内容
24	关于促进养老托幼服务健康发展意见	2020	国务院	深化医养有机结合，实现社区卫生服务中心、乡镇卫生院等基层医疗机构的充分利用，实行社区医养结合能力提升措施
25	关于加强新时代老龄工作的意见	2021	国务院	提出要构建居家社区机构相协调、医养康养相结合的养老服务体系和健康支撑体系，大力发展普惠型养老服务，促进资源均衡配置
26	深化医药卫生体制改革2021年重点工作任务	2021	国务院	支持社会力量针对老年人健康需求开办相关医养结合健康机构
27	"十四五"国家老龄事业发展和养老服务体系规划	2022	国务院	提升养老服务护理水平，加快推进医养结合机构建设，探索多种医养结合协作方式

4.3 地方层面政策：长三角区域医养结合政策梳理

4.3.1 浙江省医养结合政策

自 2015 年 6 月推进家庭医生签约服务以来，浙江省各地相继制定了相关养老服务政策，调整了家庭病床、出巡诊费等基层医疗卫生服务项目的价格，并将各服务项目纳入医保报销范围，鼓励基层医疗卫生机构围绕群众的需求提供个性化健康服务项目。就机构医养衔接来说，浙江省根据就近就便、互利共赢的要求，支持医疗水平欠缺的养老机构与医疗机构签约合作，合作可采用服务外包、委托管理等多种形式。另外，浙江省建立了医养结合专业人才队伍激励机制，明确了服务于医养结合机构和医疗机构的医务工作者能够在评职称、继续教育等方面享受相同的待遇，同时积极鼓励医养结合机构返聘退休医务人员。浙江省为加速推进医养结合机构和设施的建设，对现有养老和医疗资源进行有效整合，针对县级地区的医疗资源配备，重点是向基层医疗机构提供设备、资金以及人才等资源；对乡镇卫生机构只要符合相关条件，就设置康复护理、长期照护、安宁疗护等床位。同时浙江省通过发放财

4 串链：长三角区域医养结合养老服务政策链联通

政补贴，发布相关政策，健全服务资源等措施，采取在养老机构当中设立医疗服务项目、在医疗机构中开展养老服务项目、促进医疗机构与养老机构合作三种医养结合模式，让医养结合服务实现从无到有、从有到优。在浙江省人民政府网站上，以"医养结合""养老""护理院"为关键词检索政策文件，并搜集相关政策文件（还包括在全国范围内转发文件）。其中列入的标准是：政策内容须明确提及医疗和养老资源的结合，并对医养结合的发展及其他有关内容作出直接规定或者反映。浙江省涉及医养结合养老服务的文件见表 4-2。

表 4-2 浙江省医养结合政策文件梳理

序号	文件名称	发布时间	发布单位	文件涉及医养结合内容
1	2012—2013 年为老年人办实事的意见	2012	乐清市人民政府	提高老年人医疗养老保障待遇水平，推进老年人长期护理保障制度建设
2	关于健全完善基层医疗机构运行新机制的意见	2013	嘉兴市人民政府	完善政策体系，深化基层医疗机构改革，加强基层卫生服务体系建设
3	上虞市人民政府关于深化完善社会养老服务体系建设的意见	2013	上虞区人民政府	促进养老机构的发展，提高养老机构的医疗康复服务能力
4	宁波市人民政府关于深化完善社会养老服务体系建设的意见	2014	宁波市人民政府	争取引进创新发展模式，构建普惠型社会养老服务体系
5	省民政厅相关负责人答问养老新政策	2014	浙江省人民政府	完善体制机制，全面构建社会养老服务体系
6	关于加快发展养老服务业的实施意见	2014	舟山市人民政府	提高基层卫生保健服务能力，促进优质医疗资源的使用
7	关于推进医养护一体化智慧医疗服务的实施意见	2014	杭州市人民政府	整合资源，保障基层医疗卫生服务经费，制定配套政策和管理规范
8	关于加快推进中医药健康发展的实施意见	2015	浙江省人民政府	全面深化改革，创新服务模式，鼓励多元投资，加速市场培育

续表

序号	文件名称	发布时间	发布单位	文件涉及医养结合内容
9	关于浙江省医疗卫生服务体系规划（2016—2020年）	2016	浙江省人民政府	合理布局医疗卫生资源，优化资源结构，构建与居民健康需求相匹配的医疗卫生服务体系
10	关于推进医疗卫生与养老服务相结合实施意见	2016	浙江省民政厅	完善医疗卫生机构与养老机构合作机制，鼓励养老机构提供医疗服务，鼓励责任医生与老年人签约服务，完善养老机构内设医疗机构医保定点管理，促进中医药健康养老服务。落实医疗卫生机构老年人优惠待遇政策，支持社会组织兴办医养结合机构
11	浙江省医药卫生体制深化改革2017年重点工作任务	2017	浙江省人民政府	着力推动差别化待遇，发展系统架构，协调相关领域的改革
12	关于加强老年人照顾服务工作的实施意见	2018	浙江省人民政府	加快建立老年人照顾服务体系
13	关于深化人才发展体制机制改革支持人才创业创新的意见	2018	浙江省卫生计生委员会	加快培养医养结合技能人才
14	关于深化养老服务综合改革提升养老服务质量的实施意见	2018	浙江省人民政府	医养护一体化有力推进，并为老年人建立了一套全面的护理服务，将机构护理和家庭护理结合起来
15	关于加强养老机构备案工作的意见	2019	浙江省民政厅	推进健康领域数字化改革。积极开发智慧健康养老服务产品，创新智慧健康养老服务模式
16	浙江省医疗卫生服务体系暨医疗机构设置"十四五"规划	2021	浙江省发改委	鼓励发展护理院、安宁疗护中心等服务机构，为老年人提供护理服务
17	浙江省中医药条例	2021	浙江省人民政府	鼓励开展医养结合的养老服务机构，配备中医药专业技术人员

4 串链：长三角区域医养结合养老服务政策链联通

续表

序号	文件名称	发布时间	发布单位	文件涉及医养结合内容
18	关于深入推进医养结合发展的若干意见	2021	浙江省卫生健康委员会	提升健康养老服务质量，完善各类养老机构医疗服务功能
19	浙江省养老服务发展"十四五"规划	2021	浙江省民政厅	向养老服务领域投入更多医疗康复资源，落实医养结合，构建预防、医疗、康复护理和日常照料相结合的养老服务体系，实现从被动照护到健康养老的转变

4.3.2 安徽省医养结合政策

安徽省开展医养结合养老服务实践较早，2013年淮北市就设立了惠康老年颐养中心，2016年6月芜湖与池州入选首批国家级医养结合试点单位，2020年10家单位入选全国医养结合典型案例。并且安徽省各地方政府根据各地不同的经济发展水平、老龄化程度、人文基础，因地制宜发展了多种形态的医养结合模式，为今后医养结合模式的进一步发展奠定了坚实基础。目前安徽省有三种典型医养结合养老服务模式，其一，在医疗服务机构中设置养老床位；其二，在养老服务机构中设置医疗救助站；其三，在医疗服务机构和养老服务机构开展定向服务。另外，2015年以来，安徽省就医疗服务资源和养老服务资源相结合问题颁布了多项政策文件和法律法规。在安徽省人民政府网站上，以"医养结合""养老""护理院"为关键词检索政策文件，并搜集相关政策文件(还包括在全国范围内转发文件)，经过梳理最终收录了17个政策文本，具体见表4-3。

表4-3 安徽省医养结合政策文件梳理

序号	文件名称	发布时间	发布单位	文件涉及医养结合内容
1	安徽省中医药健康服务发展规划（2015—2020年）	2015	安徽省人民政府	促进中医药与养老服务结合，将中医药健康养老产业纳入养老服务产业发展规划

续表

序号	文件名称	发布时间	发布单位	文件涉及医养结合内容
2	安徽省医疗卫生服务体系规划（2016—2020年）	2016	安徽省人民政府	加强医疗机构与养老机构合作，积极发展社区健康养老服务
3	关于推进医疗卫生与养老服务相结合的实施意见	2016	安徽省人民政府	加快推进医疗卫生与养老服务相结合，满足多层次、多样化的健康养老需求
4	安徽省"十三五"卫生与健康规划	2017	安徽省人民政府	积极应对人口老龄化，开展老年常见病健康指导，开展长期护理保险试点
5	关于安徽省中药产业发展"十三五"规划印发的通知	2017	安徽省人民政府	开发中医药健康养老服务，积极探索医养结合等健康养老新模式、新机制
6	安徽省"十三五"医药卫生体制深化改革规划	2017	安徽省人民政府	健全医疗卫生健康服务体系，优化医疗资源布局，大力发展健康养老产业
7	2017年安徽省政府工作报告	2017	安徽省人民政府	加强基层医疗卫生机构服务能力建设
8	关于制定和实施老年人照顾服务项目的实施意见	2017	安徽省人民政府	加大推进医养结合力度，积极构建养老医护服务相互衔接的服务模式
9	关于安徽省人口发展"十三五"规划的政策解读	2017	安徽省人民政府	加快发展养老服务业，大力推进医养结合，健全老年保障体系
10	关于促进社会办医加快发展若干政策措施的通知	2018	安徽省人民政府	支持举办医养结合型的全科、专科医疗机构，积极支持社会办医疗机构依法依规开展互联网医疗服务
11	关于安徽省多层次养老服务体系的构建（2018—2020年）行动计划	2018	安徽省人民政府	做强医养服务供给主体，加强老年人健康管理，完善基本医疗和长期照护保险制度

4 串链：长三角区域医养结合养老服务政策链联通

续表

序号	文件名称	发布时间	发布单位	文件涉及医养结合内容
12	安徽省人民政府办公厅关于提升养老服务质量全面放开养老服务市场的实施意见	2018	安徽省人民政府	建立医养结合绿色通道，支持养老机构开办康复医院等医疗卫生机构
13	支持数字经济发展若干政策的通知	2018	安徽省人民政府	实施智慧养老机构创建工程，探索基于互联网的医养结合服务新模式
14	安徽省人民政府办公厅关于2018年全省民生工作要点	2018	安徽省人民政府	开展养老院服务质量建设专项行动，深入推进医养结合，建设30个医养结合示范项目
15	"数字江淮"建设总体规划（2020—2025）	2020	安徽省人民政府	推广智慧养老服务，加快推进全省智慧健康养老产业发展
16	安徽省中医药条例	2020	安徽省人民政府	发展中医药特色健康服务和医养结合服务，加强中医药康复科建设
17	2020年安徽省政府工作报告	2020	安徽省人民政府	"互联网＋"医疗健康示范省获批建设

4.3.3 上海市医养结合政策

上海市在医养结合服务方面拥有的丰富实践经验，是源自政府以及相关部门的深化协作、有效联动，也是源自上海市医养结合养老服务相关政策体系的建立和有序运行。在以需求为目标的引导下，不断拓展延伸医养结合服务的目标对象，改善服务的质量水平，这是上海市医养结合养老服务发展的一个显著特色。随着医养结合服务发展的持续深入，上海市逐步建立了居家、社区、机构等养老模式融为一体的社区嵌入式养老模式。在老龄化程度尤为突出的上海市，其在嵌入式养老服务模式的运行和实践方面取得了显著成效。嵌入式养老服务模式是面对当前人口老龄化发展背景下所形成的养老服务新模式，其把居家、社区以及机构养老等主要模式加以结合，通过利用社区这一有效载体，把养老机构所拥有的资源、专业、功能等嵌入家庭和社区养老模式，面向社区老年群体提供更具有专业性与个性化的养老服务。此模式将三种养老模式所具有的优势加以整合,有效地规避了三种养老模式所存在的不足,此模式的发展主要分为三个阶段。

首先,萌芽阶段。2014年3月至2016年7月,属于此模式的萌芽发展阶段。此阶段当中,政府没有全面形成嵌入式养老模式,但养老服务设施配置已经具备了嵌入式的初步特点。与此同时,上海通过长者照护之家的模式开始步入嵌入式养老,在所出台的长者照护之家试点工作方案当中,明确提出小区嵌入式的设置模式,并且向周围的社区辐射。这是在上海市的养老服务各类政策中,第一次明确提出了嵌入的理念。虽说其相关概念还没有得到全面解释,但是按照方案目标、功能定位等可以看到嵌入式养老设施的初步特征。长者照护之家试点工作方案对首批试点单位进行了公布,同时在名称、规模、地址、安全等各个方面进行明确的规定。长者照护之家试点工作方案当中还提到,通过试点可以有效化解上海主城区养老服务资源紧张的问题,充分利用现有资源,对就近照护模式加以创新发展,倡导建立综合性的社区养老服务机构,以企业与社会组织作为主要载体,通过发挥社区的纽带作用,满足老年群体的多方面需求。

其次,逐步成熟阶段。2016年8月至2019年11月,属于此模式的发展成形阶段。此阶段当中,正式提出了社区嵌入式,其多次出现在养老服务政策内容之中,除了长者照护之家,还出现了其他一些嵌入式养老模式。上海市所出台的"十三五"期间养老服务设施建设的实施意见中指出,努力推进社区嵌入式、延伸型、小规模、多功能的养老服务机构的发展,同时大力推动综合为老服务中心、长者照护之家、老人日间照护机构等重点设施的建设,并针对社区嵌入式养老服务模式的发展提出了具体要求。后续上海市出台的社区养老服务管理办法当中也明确指出,支持引导各种类型的社区托养服务,实现功能互补与融合发展。在2019年养老服务工作要点分解表当中,把嵌入式养老与家门口服务站点相关的重点工作单独列出,提出了规范社区嵌入式养老服务、加强长者照护之家建设、加大标准化老年活动室的改建和新建、推动示范睦邻点建设等要求。在上海市深化养老服务实施方案中,明确2022年社区嵌入式养老服务要更加便捷高效,这也是此模式首次作为养老服务目标纳入方案的重要内容。之后在开展家庭照护床位试点方案当中,通过利用

4 串链：长三角区域医养结合养老服务政策链联通

家庭照护床位来进一步推动其社区嵌入式养老服务，加强养老服务供给。由此，社区嵌入式养老服务模式已经开始初步成形，具体体现在社区嵌入式养老服务模式布局、建设、目标任务等方面，也体现了政府对于此模式运行的重视程度，至此，该模式的发展方向得到了进一步明确。

最后，高质量发展阶段。此阶段上海市对社区嵌入式养老服务模式的具体概念内涵作出了进一步的明确，制定了首个嵌入式养老服务的工作指引，同时把此模式作为养老服务模式的典型模式。在指引当中，针对社区嵌入式养老服务模式作出了具体的要求，指出要实现标准化与规范化的发展，朝着高质量发展方向前进。指引总共分为三大板块十个章节[①]。在上海市2020年老龄工作要点当中指出，要在主城区大力推行社区嵌入式养老服务模式，并且民政部门也下发了有关社区综合为老服务中心使用统一标识的通知文件，明确指出社区综合为老服务中心在社区嵌入式养老服务当中发挥着重要的纽带作用，通过对标识进行统一设置，便于老人和社会大众进行辨认与监督，并且也便于进行统一管理，促进规范建设。总而言之，此模式具有多种优势，是上海市的重点发展养老服务模式。

由此可见，上海市针对医疗资源和养老服务体系相结合问题，颁布了系列政策文件和法律法规。在上海市人民政府网站上以"医养结合""养老""护理院"为关键词检索政策文件，并搜集相关的政策文件（还包括在全国范围内转发文件），经过梳理最终列入了14个政策文本，具体见表4-4。

表4-4 上海市医养结合政策文件梳理

序号	文件名称	发布时间	发布单位	文件涉及医养结合内容
1	加快发展养老服务业推进社会养老服务体系建设的实施意见	2014	上海市政府办公厅	明确了建设涵盖养老服务供给体系、服务保障体系、政策支撑体系、需求评估体系、行业监管体系的"五位一体"社会养老服务体系的具体内容

---

① 第一板块就是对社区嵌入式养老服务进行介绍，包含了目的、依据、内涵、外延、特性等等。第二板块就是主要内容部分，包含了服务功能、设施、机构、队伍以及智慧养老、服务创新等。第三板块主要包含政策推进与组织实施，对运营补贴、税费优惠等相关政策措施以及责任进行具体阐述。

续表

序号	文件名称	发布时间	发布单位	文件涉及医养结合内容
2	上海市养老服务条例	2016	十四届人代会常委会	初步明确公共养老与养老服务产业发展的基本法律规范与发展方向，初步提出政策导向与禁止性规范的主要内容
3	上海市老龄事业发展"十三五"规划	2016	上海市政府办公厅	制定老龄产业发展专项规划，探索产业孵化机制；拓展老龄产业市场融资渠道和保险产品；大力推进智慧养老，深入推进信息无障碍建设
4	上海市社区养老服务管理办法	2017	上海市民政局	社区养老服务设施以政府出资建设为主，鼓励社会资本参与投资建设。加快推进嵌入式、小型、多功能、专业化的社区养老设施建设，鼓励各类型的社区托养服务设施功能互补、融合发展
5	本市养老机构内部医疗机构纳入医保联网结算范围的意见	2017	上海市医保局	养老内部医疗机构要切实加强日常医保管理工作，严格执行市人力资源社会保障局的有关规定，在参保人员挂号、就诊、结算医疗费用时核验医保凭证，确保就医参保人员身份与出示的医保凭证相符合，并做到因病施治、合理用药、合理检查、合理收费
6	上海市长期护理保险试点办法	2018	上海市政府办公厅	系统化立法，完善对养老照护服务支持的社会保障政策规范。
7	上海市深化养老服务实施方案（2019—2022）	2019	上海市政府办公厅	提出养老服务事业发展的"三增"目标，明确社区嵌入式养老形式的重要作用，推进综合、非正式照护服务的发展，着力解决现有体系的结构性矛盾
8	2020年养老机构服务质量建设专项行动方案	2020	上海市民政局	提高养老机构医养结合服务能力，加强医养结合服务的评估和质量控制

续表

序号	文件名称	发布时间	发布单位	文件涉及医养结合内容
9	上海市养老服务条例	2021	第十五届人代会常委会	鼓励养老服务机构为医疗机构入驻提供场地和设施,开设绿色通道。进一步规范和完善现行居家、社区、机构各方面的养老服务工作的内容标准与相关支持体系的工作要求,确立系统化的监察与禁止性规范
10	医养结合机构服务指南(试行)	2021	上海市卫生健康委员会	推动医养结合机构服务质量提升,按职责加强医养结合机构行业监管
11	2021年上海市老龄工作要点	2021	上海市老龄工作委员会	提升社区康复、护理等服务水平,积极开展老年健康教育宣传工作
12	上海市老龄事业发展"十四五"规划	2021	上海市政府办公厅	鼓励养老服务机构连锁化、规模化、品牌化发展,提升长三角区域养老服务品质
13	上海市建设国际消费中心城市实施方案	2021	上海市政府办公厅	扩大在线健康消费,推动医疗、养生和养老一体化发展,鼓励社会力量盘活存量资源,重点发展大众化的养老服务
14	上海市促进养老托幼服务高质量发展实施方案	2022	上海市人民政府	增强养老机构专业照护功能,深化养老机构和医疗机构签约合作服务机制

4.3.4 江苏省医养结合政策

当前江苏省人口老龄化与少子化趋势并存,已进入深度老龄化社会,未来"民营唱主角、连锁是方向"的养老产业格局越来越清晰。为满足新发展阶段江苏老年人口多元化的养老需求,江苏省积极构建居家社区机构相协调、医疗康养相结合的养老服务体系,给予多方面政策支持,扩大养老产业规模、提升养老产业供给能力、保障养老产业高质量发展。在江苏省人民政府网站上以"医养结合""养老""护理院"为关键词检索政策文件,并搜集相关政策文件(还包括在全国范围内转发文件),经过梳理最终收录了10个政策文本,见表4-5。

表 4-5 江苏省医研养结合政策文件梳理

序号	文件名称	发布时间	发布单位	文件涉及医养结合内容
1	加快发展养老服务业完善养老服务体系的实施意见	2014	江苏省人民政府	提升养老服务能力，完善养老服务制度，发展养老服务产业，强化保障措施
2	加强对外合作交流鼓励外资参与养老服务业发展的意见	2015	江苏省民政厅、商务厅、发改委、卫健委、外事办、国务院台湾事务办公室	鼓励外资投资养老服务业，鼓励境外养老服务企业和机构参与合作经营，鼓励引进外资开发、生产老年用品，鼓励境外资本投资设立养老服务企业，鼓励养老服务提供者投资参与境外养老服务业，加强专业人才培养合作，加强养老服务业国际合作交流，落实税费优惠政策
3	江苏省"十三五"养老服务业发展规划	2016	江苏省人民政府	大力发展社区居家养老服务，深入推进医养融合发展，强化政府托底保障职责，充分发挥社会力量的主体作用，全面推进养老服务产业发展，推进公办养老机构改革，加快提升农村养老服务水平，构建养老服务人才培养激励机制，构建老年人福利服务体系，提高养老服务规范化水平
4	支持整合改造闲置社会资源发展养老服务的通知	2017	江苏省民政厅	鼓励、支持将城市存量用地、闲置厂房、社区用房、非民用房、农村集体存量建设用地等房屋、用地改建、转型为养老服务设施，鼓励党政机关和国有企事业单位举办具有教育培训或疗养休养功能的各类机构，在具备条件的情况下，通过规范的方式转向养老服务业，建立统一开放的市场环境，并对于符合条件的养老服务设施给予各类经济支持
5	全面放开养老服务市场提升养老服务质量的实施意见	2017	江苏省人民政府	全面放开养老服务市场，持续提升养老服务质量水平，创新发展养老服务产业，切实强化养老服务业发展要素保障，着力深化对标监管和宣传引导

续表

序号	文件名称	发布时间	发布单位	文件涉及医养结合内容
6	进一步推进养老服务高质量发展的实施意见	2019	江苏省人民政府	加大养老服务多元投入，完善养老服务基本保障，加强养老服务能力建设，强化养老服务综合监管，打通养老服务发展制约瓶颈，提升养老服务消费能力
7	江苏省农村区域性养老服务中心设置指导规范（试行）	2021	江苏省民政厅	明确农村区域性养老服务中心的功能、定位，明确农村区域性养老服务中心的环境、建筑、设施设备、运营管理、住养服务内容与规范、社区居家养老服务内容与规范
8	关于加强养老服务人才队伍建设的实施意见	2021	江苏省民政厅	强化养老护理员培养培训，推广养老护理员职业技能等级认定，落实养老护理员政策待遇，创新养老机构医护人员支持政策，加强养老服务医养康养人才队伍建设，加强养老服务社会工作人才建设，提升养老服务机构负责人管理能力，推广养老服务职业经理人制度，健全人才流动促进机制，健全人才评价监督机制，健全人才褒扬激励机制
9	江苏省国民经济和社会发展第十四个五年规划纲要	2021	江苏省人民政府	实施民办养老机构扶持计划，实施养老服务市场失信联合惩戒制度，建立养老服务标准评价体系和监督体系，不断推动养老服务有序规范发展
10	江苏省"十四五"养老服务发展规划	2021	江苏省人民政府	构建完善基本养老服务制度框架，打造多元化养老服务供给体系，多措并举推动养老服务提质增效，大力加强养老服务人力资源队伍建设，开展农村养老服务提升计划，推进长三角养老服务一体化发展，壮大经济产业规模，强化养老服务发展要素支撑，建立健全养老服务监管机制，建立完善养老服务领域应急管理体系

4.4 推动长三角区域养老服务一体化政策

长三角三省一市地方政府相继出台了多项涉及医养结合养老服务的政策

和法规，积极推动长三角区域养老服务一体化的发展。主要围绕医养结合养老服务标准互认、数据互通、异地就医便捷程度以及养老人才共建共享出台政策，推动长三角区域养老服务一体化试点工作落实，并探索建立养老服务对接合作机制等。长三角区域养老服务一体化政策梳理见表4-6。

表4-6 长三角区域养老服务一体化政策

序号	区域	政策文件	主要内容
1	国务院	中共中央关于制定国民经济和社会发展第十四个五年规划和二〇三五年远景目标的建议	推进京津冀协同发展、长江经济带发展、长三角一体化发展，打造创新平台和新增长极。推动养老事业和养老产业协同发展，健全基本养老服务体系，推动普惠养老服务和互助养老发展，培育新型养老方式，建立居家社区机构相协调、整合医养康养养老服务体系，健全养老服务综合监管体系
2	长三角	长三角区域养老一体化服务协作备忘录	建立定期的合作协商机制，建立养老服务机构异地处罚及时通报、区域范围内养老机构黑名单制度及养老机构信用制度，统筹规划养老产业布局，促进区域养老资源共享，激发养老服务市场活力
3	合肥	深化长三角区域养老合作与发展·合肥备忘录	大力发展智慧养老，建设长三角区域养老服务数据资源中心。破除养老服务一体化发展的行政壁垒和体制机制障碍，探索建立"长三角养老行业综合监管机制"。建立跨区域养老服务补贴制度，推动建立一批跨省合作的产业园区
4	上海	上海市养老服务条例	推动长三角地区养老服务合作发展，建立健全政府间合作机制，实施异地医疗与结算服务，促进本市老年人享受长期护理保险、养老服务补贴等待遇，为老年人提供异地养老服务
5	上海	关于促进本市养老产业加快发展的若干意见	促进长三角养老产业协同发展。依托合作机制，加强养老产业规划协同和项目对接协调，促进产业链上下游对接和功能互补。促进三省一市对养老行业扶持政策、标准规范、数据信息等方面的对接和共享，探索共建养老人才培养基地。探索异地养老新模式，制订配套支持政策

4 串链：长三角区域医养结合养老服务政策链联通

续表

序号	区域	政策文件	主要内容
6	上海	2021年上海市"放管服"改革工作要点	促进长三角区域养老服务融合发展，推动上海老年人异地享受养老服务补贴和其他福利。构建完善的托育服务体系，开展线下托育服务市场分类规范工作。支持长三角一体化示范区建设
7	上海	长江三角洲区域一体化发展规划纲要	加快推进区域养老服务合作。推动养老服务产业统筹规划布局，建设区域养老服务公共信息平台，推进养老服务机构设施建设标准、服务标准、照护需求评估标准互认衔接，制定区域产业资本和品牌机构进入当地养老市场指引，支持养老服务机构规模化、连锁化发展。培育养老从业人员专业化市场，共同建立养老护理员综合水平评价制度。建立跨区域养老服务补贴等异地结算制度，研究规划和建设异地康养基地
8	上海	2020年上海民政工作要点	深入推动长三角区域养老一体化高质量发展，推动老年照护统一需求评估、养老服务机构及人员管理和评价标准互认，养老服务政策待遇异地结算等工作，为异地养老提供便利
9	上海	上海市养老服务发展"十四五"规划	推动长三角养老服务一体化发展，推动养老事业与养老产业协同发展。加强长三角区域长期护理保险合作，推动保险待遇异地延伸。在长三角一体化示范区试点建设生态养老设施。依托长三角区域合作机制，推动三省一市养老产业支持政策、标准规范、数据信息等方面的衔接共享
10	江苏	江苏省"十四五"养老服务发展规划	推进长三角养老服务一体化发展，创新跨区域服务机制，加强长三角养老机构公共卫生服务合作。探索建设长三角区域养老服务平台，统一标准体系。促进长三角养老服务资源要素自由流动，科学规划养老产业布局，支持建设长三角一体化养养生项目基地
11	浙江	浙江省养老服务发展"十四五"规划	积极推进长三角养老服务体系一体化，加强标准协同互认、人才培训、旅居养老、康养基地建设等方面的合作，持续推进长三角示范区区域养老服务合作

续表

序号	区域	政策文件	主要内容
12	安徽	安徽省"十四五"民政事业发展规划	推动长三角养老服务区域合作，鼓励、支持、引导我省行业协会商会主动融入长三角一体化，加强与省内外优秀行业协会商会的联络沟通。支持三省一市行业协会组建合作联盟，资源共享、标准互认、抱团发展

5 卡链：长三角区域医养结合养老服务协同链构建受阻

长三角一体化国家战略促进了长三角区域高效融合发展，长三角区域各相关主体也积极配合，共同为区域医养结合养老服务融合发展贡献力量。从长三角区域医养结合养老服务融合的现实状况来看，长三角区域医养结合养老服务协同链存在卡链现象，有些区域老年人口较多，有些区域老年人口较少，且各个地区人口密度不同，经济较发达地区老龄化现象比经济较不发达地区情况严重。而且长三角区域养老服务资源分布也不均衡，有些区域养老服务资源分布集聚，有些区域较分散，老年人口密集地区的养老服务设施相较于老年人口较不密集地区分布较少，表明老年人口密度和养老服务设施的匹配程度较差，缺乏区域融合发展的理念。这些因人口分布与空间资源分布不合理而存在的问题一时难以解决，源于长三角区域顶层设计不足，各个地区之间存在行政隔阂。另外，长三角区域养老服务的信息网络搭建不完善、标准不统一、服务质量良莠不齐，长期照护社会资本参与度较低，这些都严重阻碍了长三角区域养老服务融合的进程，导致难以进一步推动长三角区域医养结合养老服务的协同链发展。

5.1 长三角区域医养结合服务顶层设计不足

当前长三角各地区在开展区域养老合作项目、医疗保险异地结算、养老资源共建共享等方面达成了合作意向，但并未从整个长三角层面对养老服务链式发展有所谋划和推进，源于长三角区域缺乏养老服务协同发展的专项规划和路径设计，制约了医养结合养老服务的发展。例如，长三角三省一市医养结合养老服务建设的目标、实施原则、地方政府的态度以及协同联动机制等都不同。但是促进长三角区域医养结合养老服务链式发展涉及三省一市的地方政府，这就需要一个畅通的区域协调管理机制来加强长三角地区养老服务项目之间的合作联系。到目前为止，长三角区域尚未建立起高效的协调管理机制，养老服务陷入碎片化管理困境，行政壁垒成为阻碍长三角区域医养结合养老服务链式发展的制度性障碍。具体来说：

第一，长三角区域政府沟通机制不健全。在地方政府沟通机制层面上，一方面，医养结合养老服务涉及多部门管理。财政部门负责养老和医疗的补贴、预算、划拨，医保报销标准和养老金发放审核由社保部门负责，民政部门则负责管理养老机构业务水平和提高养老服务能力，卫健委管理医疗卫生机构并审核卫生资质和监管护理质量。行政体制和业务分工使各部门都要介入对医养结合养老服务的管理，但由于部门合作意识淡薄、职责定位不清、部门管理交叉错位、职能越位、多头管理以及多头不管等问题频发，导致长三角区域养老资源与医疗资源不能有效融合，扶持性政策更难以落地生根。另一方面，区域内医疗卫生机构和养老机构的主管部门不同，相应的部门职责、管理规章和制度不同，对区域医养结合发展支持方向不一，政策碎片化严重，造成跨区域、跨部门政策执行难以实现。目前，区域养老服务促进中心已在长三角建成，但限于体制、制度和利益协调等因素的阻碍，政策执行难以达到理想效果，限制了区域养老服务一体化机制发挥作用。

第二，长三角区域筹资机制不完善。医养结合养老服务持续发展的关键是财政支持，但目前筹资渠道狭窄、区域间筹资机制不通，导致医养结合服务资金投入不足。从各地区筹资情况来看，存在筹资渠道少、资金缺口大等问题，阻碍医养结合养老服务发展。公立医养结合养老服务机构的资金由地方政府和财政部门拨款，私营医养结合养老机构资金主要来自雇主、扶持性政策补贴与入住老人支付的费用。私营医养结合机构资金筹集渠道少，极大阻碍了医养结合养老机构发展[1]。长三角区域筹资机制不完善主要表现为以下

---

[1] 民营机构与社区卫生中心开展医养结合养老服务，前期需要医疗设施、药品采购、房屋建设等投入，随着入住老年人的增加，机构规模需要不断扩大，后期医护人员薪酬发放、更换设备、增添床位等需要大量的资金支出，加上政府补贴不到位，使民营机构开展服务的积极性不断降低。

5 卡链：长三角区域医养结合养老服务协同链构建受阻

两个方面：其一，长三角区域各地推动养老服务发展受限于本区域的体制、机制，且地区间资金筹集渠道和方式不同，多数区域内养老机构和医疗机构主要依靠政府补助，社会力量参与不足、资金不足，难以为长三角区域老年群体提供高质量的医养结合养老服务；另一方面，长三角区域养老服务市场要素流动缓慢，区域之间资金筹集体系尚未统一，同时长三角区域间养老服务补贴缺乏标准化制度，难以吸引社会资本或引进先进医养结合养老服务机构布局，从而阻碍长三角区域医养结合养老服务链式发展。

第三，长三角区域医护人才培养机制缺乏联动。从三省一市医养结合发展的实际情况分析，一方面，由于各地区缺乏正式的医护人才培养机制，导致多数民营医养结合机构护理人员年龄大、文化水平低，不具备养老护理资格，对老年人的服务需求缺乏认知，只能提供基本的生活照顾服务，缺乏必要的专业护理技能，无法为失能、半失能的患病老人提供长期医疗康复护理服务，导致区域内老人医养结合需求无法得到满足。另一方面，社会对老年护理的认知不足，社会缺乏对老年护理的意识，对老年护理专业人才没有足够的重视。另外，医学类学生考虑社会地位与发展前景，倾向于跟随经验丰富的医生学习，加上老年护理工作强度大，工作薪酬、福利待遇和社会地位低，导致医学类学生对老年护理专业的认同感低，专业服务人才流失严重，机构养老人员招聘困难。另外，长三角区域养老服务人才培养未建立统一的培养机制，区域间养老服务人才专业技术水平差距显著，导致区域间老年群体获得的服务质量不同，老年群体需求满意度也存在巨大差异。同时，由于长三角区域之间同类型医养结合养老机构福利待遇差距显著，多数医护人员偏爱在大城市工作，从而导致部分地区养老服务人才流失严重，老年群体养老服务需求更难以得到满足。

5.2 长三角区域医养结合服务信息网络搭建不完善

长三角区域医养结合养老服务应保证网络信息平台的统一，建立标准化的、具有长三角区域特色的医养结合养老服务市场供需平台。目前来看，长三角区域医养结合服务网络信息平台缺乏统一的整合和管理，导致长三角区域医养结合服务的信息闭塞且不对称，阻碍了长三角区域三省一市养老服务的融合发展。长三角区域医养结合养老服务链式发展的速度之所以缓慢,是因为数据信息难以在多个城市间进行对接,数据的互联互通是长三角区域各地区养老服务融合发展的重要条件,只有联通各城市自己的养老服务平台、数据管理平台,才会具有统一的统计数据公布,助力长三角区域的养老服务融合进度。目前来看,信息网络不完善具体表现为:

第一,长三角区域缺乏统一的信息管理平台。医养结合养老服务链式发展强调信息技术在协同过程中的运用,在实践中如何运用数字技术来推动医疗卫生与养老服务的结合,推动长三角区域医养结合养老服务链式发展是三省一市政府面临的首要问题。目前,在医养结合养老服务信息化建设方面,三省一市缺少交流和共享,从而出现数据孤岛、数据壁垒现象。当前,上海市养老服务平台设立"长三角养老"专栏,专门服务于长三角区域养老信息的互通互联,但该平台涵盖的养老服务信息不充分,并且信息缺乏时效性,所以有待提升长三角区域养老信息的全面整合能力。长三角区域异地养老、旅居养老人数逐渐增加,但上海市、江苏省、浙江省、安徽省均未对异地养老的数据进行准确统计,涉及各省市之间的养老信息数据对接并不畅通,异地就医的老年人必须通过本地区信息服务平台获得自身的健康信息档案,这增加了老年人及家属的时间成本和经济成本。且信息的阻隔使医护人员无法通过平台获取老年人的健康信息,难以为长三角区域老年群体提供快速有效的服务,老年人的需求无法及时得到满足,导致长三角区域医养结合养老服务链式发展受到阻碍。

第二,长三角区域部门分割造成养老信息平台缺乏信息统筹。在长三角区域医养结合养老服务的供给和需求系统中,信息网络管理平台无疑处在一个重要的纽带地位,起着联结养老服务供给方和需求方的关键作用。长三角区域信息平台所收集的数据,涵盖了区域老年人的基础健康数据、三省一市医养结合养老服务政策数据、养老服务企业信息及服务数据、监管结果与信息反馈数据。这些数据内容涉及政府多部门管理问题。信息平台涉及家庭、社区、养老服务机构以及医院等多个主体之间的互联互通。要实现长三角区域医养结合服务信息流动共享,需要打破协作共享的壁垒。另外,不同地域、不同机构之间的信息流通需要对区域老年群体进行综合评估,否则无法满足老年群体实际生活中对医疗和养老方面的需求，难以有效管控养老和医疗的成本。因此，实现长三角区域信息共享、端口开放以及保证数据的安全畅通性的工作需要攻坚克难。

第三，长三角区域健康管理信息服务网络不健全。不同于居家养老和机构养老，医养结合养老服务更重视疾病预防、护理保健和健康管理服务，重视提高老年人的健康水平。但在医养结合服务实际开展过程中，长三角区域多数医养结合养老机构偏向于提供生活照料、疾病治疗和康复的服务，对疾病预防和健康管理的信息服务提供较少或完全不提供，导致可以通过预防或健康管理信息服务遏制的慢性病不断恶化，这既危害了有慢性病的老年人的身体健康，也增加了医疗服务资源的额外使用量。正是由于医养结合服务机构更新老年人健康档案信息的速度缓慢，卫生、人社等部门不能及时获得老年人的实时健康信息，对老年人健康评估缺乏连续性，从而无法根据老年人身体状况提供针对性的预防和健康管理等服务。

第四，长三角区域智慧化养老服务发展缓慢。长三角区域智慧养老服务缺乏统筹。首先是我国没有制定智慧养老服务的管理规章，没有明确监管部门在行业进出、转入的标准。其次是长三角智慧养老服务标准缺乏具体操作说明，无法指导智慧养老服务的发展。与此同时，长三角区域智慧养老服务标准不一样直接导致地区间数据共享平台难以有效对接。然后是长三角区域智慧养老服务发展影响因素不一致。其中各地区健康程度、受教育程度、消费水平等因素不仅会影响区域老年人对智慧养老服务的认可，也会影响智慧养老服务未来的发展方向。最后是长三角区域间智慧养老服务平台缺乏衔接。由于政府、机构、企业之间没有形成一体化的智慧服务信息平台，导致老人健康数据停留在本机构或本社区，机构、社区、地区之间资源的整合和信息难以共享，不利于老年人异地就医和养老，阻碍长三角区域医养结合智慧养老平台推广和发展。

5.3 长三角区域医养结合养老服务标准不统一，难以形成利益分享机制

长三角区域医养结合养老服务市场存在运营规模小的问题，区域医养结

合养老服务章程还需努力达到标准化、规范化。此外，长三角区域异地养老与异地医疗的结算还未统一，加大了异地养老难度。从长三角区域整体视角来看，由于经济发展水平不同，地区间养老资源分布不均衡、不充分，养老服务水平差别显著，长三角区域内有养老服务需求的老人出于自身实际情况考量，通常都会选择养老服务资源更多、基础设施更好的地方，这不利于引导老年人合理流动和养老资源的合理配置，阻碍了长三角区域医养结合养老服务的融合。老年人日益增长的需求和服务有效供给不足成为长三角区域医养结合养老服务标准化工作落实的阻碍因素，其根本是因为长三角地区养老服务市场的运营规模缺乏制度保障、流程设计存在不同以及服务标准难以统一。目前，尽管各地政府部门在政策上给予了支持和技术指导，联合了相关部门努力破除障碍，但是，整个长三角地区乃至国家层面尚未进行系统的研究分析，没有出台详细的政策细则和行业标准，导致医养结合养老服务工作未达到规范化和标准化。具体来说：

第一，长三角区域养老服务设施和内容标准不统一。在长三角区域医养结合链式发展过程中，由于养老机构、医院、护理院等定位不清晰，对老年人需求缺乏深刻的认知，导致区域养老服务标准不同。从长三角区域医养结合养老机构容纳标准来看，规模较大的民营养老机构资金充足、医护人员水平高，主要提供高端优质服务。而小型和民办机构受限于筹资难、设施不全、专业医护人员水平低，因而无力开展高质量医养结合服务，老人多选择在外看病买药，导致内设医疗室的医疗资源闲置，客流量不断减少，机构运作受到影响。从区域医养结合养老服务协同发展标准来看，由于长三角区域各地区经济发展水平、人口老龄化水平、市场经济发展程度不同，地区间养老服务设施、养老服务业的发展程度差异明显，区域间老年人享受的养老服务水平和质量也存在差距，造成部分经济落后地区老年群体养老服务需求难以满足，不利于养老资源优化配置。因此，长三角区域现有的养老服务标准化制度不统一，导致老年人异地养老意愿较低，养老服务融合效率的提高存在困难。

第二，长三角区域养老服务人员资格认定不统一。首先是长三角区域养老服务人员执业资格认定不统一，致使医养结合机构间养老服务人员水平差距较大，老年群体享受的服务水平不同，有损养老服务权益的公平性。与此同时，区域间养老执业人员资格认定不同还阻碍了区域间养老服务人才的自由流动，难以实现长三角区域养老服务人才合作和共享。其次是长三角区域老年照护标准不统一。长三角各地区需要根据照护标准培养医护人才，为老年人提供针对性服务，而标准未统一无疑妨碍了长三角地区间养老服务人才的流动。对于失能失智老人无疑需要长期的养老照护服务，而区域间照护标准不统一，迫使失能失智老人倾向于接受发达地区提供的照护服务，这阻碍了区域异地养老服务事业的发展。最后是养老服务人才的培训和使用标准不统一。我国需要进一步提高医养结合养老机构专业服务人员的储备量及服务人员的业务素质，统一长三角区域养老服务人才培训和使用标准，如加强职业道德培训和统一专业技术培训监督考核标准。

5.4 长三角区域医养结合养老服务长期照护资本投入不够

第一，长三角长期护理保险区域联动程度不够。长三角各地区长期护理保险[①]的试用对象、保障范围、保障水平、基金筹集方法等方面都有很大不同，政策协同壁垒现象明显，主要原因是长期护理保险缺乏专门的法律法规。目前我国现行社会保障体系以养老、医疗、失业等五个险种为主，对失能失智、残疾瘫痪等无法自理的老人没有明确的保障制度，加上老人群体收入低，导致医养结合养老服务的医疗功能没有被充分发挥。正是由于缺乏长期护理保险的专门法律规章，长三角区域各地长期护理保险的实施主体、管理和筹资机制、服务覆盖范围等不能够得到清晰的规定，将不利于长期护理保险制度的持续发展。另外，长期护理保险的监督和评估体系也不完善，造成长三角区域各地长期护理保险没有明确的、可执行的、可推广的监督和评估体系。

---

① 长期护理保险制度，是指以社会互助共济方式筹集资金，对经评估达到一定护理需求等级的长期失能人员，为其基本生活照料和与基本生活密切相关的医疗护理提供服务或资金保障的社会保险制度。长期护理保险服务形式共分为三种，其一是社区居家照护。是指养老服务机构以及护理站、门诊部、社区卫生服务中心等基层医疗卫生机构和护理院，为居家的参保人员，通过上门或社区照护等形式，提供基本生活照料和与基本生活密切相关的医疗护理服务。其二是养老机构照护。是指养老机构为入住其机构内的参保人员，提供基本生活照料和与基本生活密切相关的医疗护理服务。其三是住院医疗护理。是指社区卫生服务中心等基层医疗卫生机构、护理院和部分承担老年护理服务的二级及以上医疗机构，为入住在其机构内护理性床位的参保人员提供医疗护理服务。

总之，长三角区域长期护理保险服务内容没有统一标准，服务质量缺乏准确评估，服务效果缺乏有效监督，所以长三角区域长期护理保险联动发展政策如何制定也面临着诸多问题。

第二，长三角区域长期护理保险发展不平衡。经济发展水平、人口规模、人口结构等因素使得长三角地区之间长期护理保险制度的推行和实施存在显著差距。上海市长期护理保险制度发展时间较长、资金投入较多，已经纳入医养结合养老服务体系。截至2020年，上海市共有1186家签约长期护理保险的养老机构，专业护理人员6.8万人，年投入资金43.7亿元；江苏省已有8个市区建立长期护理保险制度，护理院275家。2016年6月，国家选择江苏省南通和苏州两市作为长期护理保险试点城市，近年来，江苏积极推动长期护理保险试点改革，先后在徐州、常州、无锡、扬州、泰州等市开展试点。目前，江苏省长期护理保险参保人数超过4000万人，对参保人的年人均基金支出照护费用约7000元，参保长期护理保险的失能人员家庭负担减轻了，老人也得到了更好的照料。早在2016年，浙江宁波市被纳入首批长期护理保险试点城市，在此基础上，国家在桐庐县、嘉兴市、义乌市、温州市等地陆续开展试点工作，主要在政策标准、制度框架、运行机制、管理办法等方面进行了尝试。而安徽省仅有安庆市一所城市进行了试点。总体来说，长三角区域长期护理保险发展不均衡、周期短、覆盖范围小，与老人对长期持续性医疗护理服务和费用分担的需求严重不符，具体见表5-1：

表5-1 长三角区域典型城市长期护理保险试点实施细则比较

组别	苏州市	宁波市	安庆市	上海市
试用对象	参加本市职工城乡居民基本医疗保险的人员	参加本市城镇职工基本医疗保险的人员	参加本市城镇职工基本医疗保险的人员	参加本市职工基本医疗保险（第一类人员）和城乡居民基本医疗保险（第二类人员）的60周岁及以上的人员

续表

组别	苏州市	宁波市	安庆市	上海市
保障范围	参保生活不能自理或失能，病情已经稳定但需要长期照护的人员	评估为重度失能且在长护险护理服务试点机构接受护理，并已签订服务协议的人员	经过不少于6个月的治疗，评估为重度失能，生活不能自理，需长期护理的人员	已评估且在有效期内失能程度在二到六级的60周岁及以上人员
接受养老机构护理的待遇水平	按照标准，重度失能与中度失能人员标准分别为26元/天和20元/天	定额标准为每天40元	支付护理费用的50%（试点期间按不超过40元/天的标准结算）	支付护理费用的85%
基金筹集方法	政府从基本医疗保险账户划转	从职工医保基金账户中划转至长期照护保险基金账户	个人缴纳每人每年10元，医保基金划转20元	第一类人员从职工医保统筹基金中按季调剂资金。第二类略低

资料来源：根据苏州市、宁波市、安庆市、上海市四城市政府发布的关于长期护理保险试点的意见办法整理而成。

第三，长三角区域间长期护理保险缺乏有效衔接机制。首先是覆盖对象范围和异地参保问题。一方面，长三角区域多数试点城市的长期护理保险的覆盖对象仅限于城镇职工，如温州市、宁波市、安庆市的长期护理保险只向参与城镇职工基本医保的人员开放，城镇居民和农村居民无法参保，这损害了城镇居民和农村居民的医疗保障权益，也违背了社会保障制度的公平性。另一方面，长三角区域没有建立完善的长期护理保险异地结算机制，接受长期护理保险异地结算的机构只有15家，导致异地养老的老年人无法使用长期护理保险享受费用减免和优惠。例如，浙江逸和源嘉兴基地居住的上海老年人无法在上海或嘉兴参保，长期照护费用仍需自费。其次是服务范围不清晰，长期护理保险未建立全国统一的标准，长三角区域间的护理服务内容存在显著差距，加上缺少服务清单和评判标准，不同地区的长期护理保险保障范围不统一。最后是筹资机制和待遇支付不规范。一方面，由于缺乏统一的长期护理保险法规,各地长期护理保险的筹资方法不同。上海市从职工医保统筹基金划拨长护险基金给城镇职工,比例是医保缴费基数的0.5%,对居民医保统筹基金进行调剂来筹集城乡居民长期护理保险资金。嘉兴市和安庆市按比例筹资,但嘉兴市的筹资比例是个人与财政为1∶3,每人每年120元;安庆市是个人与财政为1∶1,每人每年40元。另一方面,长三角区域内长期护理保险费用结算标准不同。如上海市长期护理保险基金为居家照护的参保人员支付护理费用的90%,为采取社区日间照护和机构照护的参保人员支付费用的85%;安庆市每天补贴60元给医疗机构护理服务参保人员,每天补贴50元给养老机构护理服务,对居家护理的重度失能人员每天补贴150元。

5.5 本章小结

从长三角区域各地区来看,医养结合养老服务未来前景巨大,但发展速度远远落后于市场需求的增长速度,这种供需失衡势必会制约长三角地区医养结合养老模式的发展。近年来,政府部门陆续出台政策鼓励社会资本进入医养结合养老服务产业,为养老服务市场化和社会化提供政策依据,但所形成的规模和质量效果不佳,没有将社会资本的作用充分发挥出来。对于长三角区域医养结合养老服务机构整体运营来讲,各地地方政府的资金扶持力度还是不够的。目前,在一系列政策的推动下,初步形成了长三角区域医养结合养老服务协作格局,但仍存在不少问题表现如下:其一是长三角地区医养结合服务顶层设计不足。具体来说,长三角区域政府沟通机制不健全,长三角区域筹资机制不完善以及长三角区域间医护人才培养机制缺乏联动。其二是长三角区域医养结合服务信息网络搭建不完善。长三角区域缺乏统一的信息管理平台。另外,在信息统筹、健康服务网以及智慧养老服务联动层面都存在不足,造成养老服务区域融合进程缓慢。其三是长三角地区医养结合服务标准不统一,难以形成利益分享机制。其四是长三角区域医养结合服务长期照护资本投入不够。具体表现为长三角区域长期护理保险区域联动程度不够,长三角区域长期护理保险发展不平衡以及长三角区域间长期护理保险缺乏有效衔接的机制。

6 呈链：长三角区域医养结合养老服务链联动发展实证分析

作为我国人口老龄化速度最快、程度最深的区域，长三角区域的养老形势十分严峻，存在许多医养难题。上海、浙江、江苏、安徽四地多年持续探索医养结合服务，初步实行区域医养结合服务联动发展。目前三省一市已积累诸多理论和实践经验，但与此同时，仍存在区域内各参与主体分工协作程度不够等问题，导致难以形成一致的发展目标，最终难以有效落实区域医养结合服务政策。因此，本部分通过实证分析，探究了哪些因素阻碍长三角区域医养结合养老服务链联动发展。

6.1 长三角区域医养结合养老服务链联动发展指标体系的构建

为了使本次研究尽可能准确、客观、真实地反映出长三角区域医养结合养老服务的真实情况，评价指标的选取过程依据长三角区域医养结合服务体系结构，选择相对合适的评价指标，对评价对象进行分析。指标结构的构建具有以下原则，详见下表6-1：

表 6-1 长三角区域医养结合养老服务链联动发展指标体系的构建原则

原则	具体含义
针对性原则	指标结构中的指标应当分层，从宏观到微观，不断细化
层次性原则	应尽可能针对长三角区域医养结合服务联动发展影响因素，准确地反映出目前对长三角区域医养结合服务影响程度最深的因素
可行性原则	指标的选取应该可以在评价对象之间进行精确比较，定性指标可以直接赋值量化，定量指标要能够直接量化，进而提高评价体系的客观性和准确性

6.2 长三角区域医养结合养老服务链联动发展指标体系的选取依据

长三角区域医养结合养老服务联动发展的实现受诸多条件的影响,且影响因素互相关联,覆盖层次广泛。目前国内学者关于长三角区域医养结合养老服务融合发展的影响因素研究鲜见。其中,任鹏博等学者认为文旅、医养康养等产业的融合发展能够推动长三角一体化的进程,能够实现区域共同发展[①]。郝凤霞等学者研究发现交通基础设施的发展可以带动长三角地区的经济发展,特别是交通网络的密集程度不断加深,可以促进长三角地区养老服务行业的区域联动,加速推动长三角一体化[②]。王欣等学者提出长三角三省一市之间的协同发展需要政策的支持,地方政府可以根据各地区的区域特色制定合理的制度方针,建立良好的区域合作环境[③]。周正柱等学者研究发现长三角地区城市群经济发展差距不断减少,经济趋同性明显,一体化发展态势良好[④]。通过学界的研究,可以将影响因素大致归类为资源整合、环境联动、政策引导以及市场协作等。为厘清长三角区域医养结合养老服务链式发展各影响因素之间的层次关系和影响程度,本书结合长三角区域实际情况,运用AHP层次分析法,构建长三角医养结合养老服务链联动发展影响因素的指标体系。

6.2.1 长三角区域医养结合服务资源整合

目前长三角区域内三省一市的现有医养结合服务资源呈碎片化特征,需重新组合、分配,以实现区域资源的最大化利用。人才是长三角区域医养结合养老服务的有机载体,是联动发展的动力,同时也是区域医养结合服务联

---

① 任鹏博,张健,李婷文,等.长三角区域文体康旅一体化融合发展探究[J].体育文化导刊,2022(4):83-89.
② 郝凤霞,张诗葭.长三角城市群交通基础设施、经济联系和集聚——基于空间视角的分析[J].经济问题探索,2021(3):80-91.
③ 王欣,杜宝贵.长三角区域一体化政策府际关系研究——基于社会网络分析[J].公共管理与政策评论,2021(6):37-52.
④ 周正柱,许理.长三角城市群一体化边界效应测度与时空演变特征[J].华东经济管理,2022(6):23-29.

动发展的重要保障①。人才资源主要是指长三角区域社会工作证拥有者以及养老机构中大学本科及以上职工。医养结合养老服务人才是可以为老年人提供人文关怀、医养资源协调、康复护理等服务的人员。基础设施是长三角区域医养结合服务资源整合的重要支撑，长三角各省市可以根据自身能力为区域医养结合服务联动发展贡献所需资源，主要是能够为老年人提供公共设施、医疗照护方面的资源②，具体体现为城乡社区综合服务设施覆盖率以及每千名老年人拥有的养老床位数。保险覆盖体现了区域老年人对医养结合服务的基本需求，医疗保险和养老保险只是初步的保险制度，后期需要完善长期护理保险制度试点，探索多元保险模式③。但是医疗保险和养老保险可以体现出联动主体的联动意识以及可以承担的联动任务量。通常来说，资源整合效率越高，长三角区域医养结合养老服务联动发展程度越深，联动发展的成效就越大。

6.2.2 长三角区域医养结合服务环境联动

环境联动是长三角区域内要素流动的载体，与联动主体和联动行为密切相关。环境联动是区域医养结合服务联动发展过程中的持续性因素，环境联动对长三角区域医养结合服务的联动程度有着直接的影响。区域环境联动主要从硬环境和软环境两个方面分析，硬环境指标借鉴学者李香霞的指标分类④，主要体现在交通设施等物流的载体以及人均拥有公共图书的馆藏量，交通设施具体分为公路、铁路和内河航道方面，人均拥有公共图书的馆藏量体现了区域文化环境的发展程度，上述指标均对医养结合养老服务的区域协同起到推动作用。软环境包含人均可支配收入、人均地区消费支出、老龄补贴人数占老年人的比例以及公共财政的卫生健康支出四个方面。软环境在区域医养结合养老服务的联动发展中作用也十分重要，人均可支配收入和人均地

---

① 冯运红，李小平，胡德华，等.医养结合模式下中国养老服务人才培养策略[J].中国老年学杂志，2021(11)：2444-2447.
② 戴靓华，周典，王亮.城市社区医养结合型养老设施空间策略研究[J].现代城市研究，2018(8)：7-12.
③ 吕芯芮，王子尧，覃伟，等.基于供方的医养结合养老服务现状与问题的质性研究[J].中国全科医学，2021(19)：2459-2464.
④ 李香霞.区域协同创新能力评价研究[D].首都经济贸易大学硕士论文，2020：22-23.

区消费支出表明了该地区的经济水平,同时也代表了该地区对医养结合服务的供需水平。老龄补贴人数占老年人的比例和公共财政卫生健康支出直接体现了各个地区政府对医养结合养老服务的重视程度和资金支持力度[①]。

6.2.3 长三角区域医养结合服务政策引导

政策协同可以促进长三角三省一市相关管理部门之间的管理协同,保障长三角区域老年群体的异地养老需求和标准化服务。在财政方面建立针对老年群体异地养老的政府补贴制度,可以清除区域医养结合服务的体制障碍。因此,区域政策的有效引导是区域医养结合服务联动发展的必要条件。具体来说:首先,政府可以通过出台政策让区域各部门分工协作、相互借鉴,整合区域内的医疗和养老资源,共同建设区域医养结合服务发展的联合体。其次,政府可以制定医养结合养老服务体系,统一医养结合服务的制度标准,在这个框架下三省一市可以建立适合自身特点的医养结合养老服务发展模式。最后,政府可以针对医养结合服务发展较弱的区域制定专门的扶持政策,统筹安排区域医养结合资源使其发挥最大效用,完善医养结合服务体系,推动区域医养结合服务的长远发展。政策引导指标主要包含了医养政策引导和政策实施工具,保障长三角区域医养结合养老服务联动发展的顺利进行。医养政策引导主要体现在医养服务人才引进政策方面,为联动发展提供了前提条件和发展动力;政策实施流程、政策监督力度则是政策实施工具的内容,在政策制定后政府需要保障政策有序落实,从多个环节发力,加强监督和考核,保障老年人在医养结合服务方面享有的权利[②]。

6.2.4 长三角区域医养结合市场协作

长三角三省一市医养结合服务市场协作以政府为主体,可以有效引导长三角区域改善地区经济环境,降低区域医养结合服务费用,节约成本,同时也可以吸引更多的社会资本,加速当地的经济发展[③]。市场协作的投入直接影响联动发展程度,市场协作投入为联动主体间的协作奠定基础,同时,市场

---

① 许冰雁.北京市医养结合养老模式发展现状与对策分析[J].中国市场,2017(19):83-85.
② 陆方,刘瑞韫,刘羽佳,等.基于多重制度逻辑的公建民营医养结合机构治理策略研究[J].卫生经济研究,2022(10):24-28.
③ 王召青,邢亚男,曲婧,等.基于钻石模型理论的医养结合型养老服务供给侧改革研究[J].中国全科医学,2018(34):4201-4205.

协作投入对联动主体发挥主动性和提高区域医养结合服务能力有重要影响。因此，市场协作水平能够有效提高区域医养结合服务联动效率，医养结合养老服务联动成效较高会为长三角区域吸引更多优秀人才。故本书选取了与医养结合市场协作程度最直接相关的医养结合服务机构数量作为参考指标，包含医疗市场协作和养老市场协作两个方面。医疗市场协作体现在当地的卫生机构数、卫生机构床位数、卫生机构人员数上，体现了长三角地区的医疗卫生水平；养老市场协作体现在养老机构数、养老机构床位数、养老机构职工人数三个指标上，展现了长三角区域养老市场的发展水平。

6.2.5 长三角区域医养结合服务链联动发展评价指标体系确定

长三角区域医养结合服务链联动发展的影响因素有很多，依据长三角区域医养结合养老服务链联动发展指标体系的选取办法，进行多层次筛选，最终确定影响长三角医养结合服务联动发展的评价指标体系。如表6-2所示：

表6-2 长三角区域医养结合服务链联动发展评价指标体系指标选取

目标层	准则层	一级指标	二级指标
长三角医养结合服务联动发展L	资源整合A1	人才和设施B1	每千名老年人拥有养老床位数C1
			城乡社区综合服务设施覆盖率C2
			养老机构大学本科及以上职工人数C3
			每万人口拥有持证社会工作者人数C4
		保险覆盖B2	基本医疗保险参保人数C5
			基本养老保险参保人数C6
	环境联动A2	硬环境B3	公路网密度C7
			铁路网密度C8
			内河航道密度C9
			人均拥有公共图书馆藏量C10
		软环境B4	人均可支配收入C11
			人均地区消费支出C12
			老龄补贴人数占老年人比例C13
			公共财政的卫生健康支出C14

续表

目标层	准则层	一级指标	二级指标
长三角医养结合服务联动发展 Γ	政策引导 A3	医养引导政策 B5	医养引导政策 C15
			医养人才引进政策 C16
		政策实施工具 B6	政策实施流程 C17
			政策监督力度 C18
	市场协作 A4	医疗市场协作 B7	卫生机构数 C19
			卫生机构床位数 C20
			卫生机构人员数 C21
		养老市场协作 B8	养老机构数 C22
			养老机构床位数 C23
			养老机构职工人数 C24

6.2.6 数据来源

该部分所用到的数据来源于国家及长三角各地政府网站的相关政策法规、中国统计年鉴2021、中国民政统计年鉴2021、关于长三角区域发展涉及的重要文件以及长三角三省一市2021年的统计年鉴。具体数据如下：

表6-3　2021年长三角区域医养结合服务链联动发展影响因素相关数据[①]

影响因素数据	上海	浙江	江苏	安徽
每千名老年人拥有养老床位数（张/千人）	29.4	53.2	40.8	37.3
城市社区综合服务设施覆盖率（%）	64.0	83.5	100.0	100.0
农村社区综合服务设施覆盖率（%）	79.6	47.9	61.1	79.2
养老机构职工受教育在大学本科及以上人数（人）	2006	1795	5060	1441
每万人口拥有持证社会工作者人数（人/万人）	12.4	15.1	9.4	2.7
基本医疗保险参保人数（万人）	1943.2	5556.5	7967.7	6704.6
基本养老保险参保人数（万人）	76.2	1143.9	2400.4	3490.1

---

① 根据2021年中国统计年鉴、2021年安徽统计年鉴、2021年上海统计年鉴、2021年江苏统计年鉴、2021年浙江统计年鉴、2021年中国民政统计年鉴整理而成。

续表

影响因素数据	上海	浙江	江苏	安徽
公路网密度（公里/百平方公里）	148.21	203.1	116.66	154.1
铁路网密度（公里/百平方公里）	3.66	7.72	3	3.9
内河航道密度（公里/百平方公里）	11.57	24.98	9.25	23.74
人均拥有公共图书馆藏量（册）	3.25	1.53	1.24	0.58
人均可支配收入（元）	32189	72232	52397	43390
人均地区消费支出（元）	49030.55	42536	31295	26225
老龄补贴人数占老年人比例（%）	68.2	10.6	25.9	20.8
公共财政的卫生健康支出（亿元）	3153	545.06	838.85	1007.47
卫生机构数（家）	105442	5905	34400	35746
卫生机构床位数（万张）	137.51	16.15	36.13	53.5
卫生机构人员数（万人）	226.23	27.6	65.98	82.33
养老机构数（家）	669	1752	2470	2452
养老机构床位数（万张）	127.9	13.94	33.57	44.3
养老机构职工人数（人）	126851	29193	26607	46882

6.3 长三角区域医养结合养老服务链联动层次分析

6.3.1 模型的选择及模型适用性

第一，层次分析法。20 世纪 70 年代数学系教授萨迪提出层次分析法（AHP），层次分析法本质上是将大的问题逐步转化为小的问题进行考虑，且在分解的过程中注重各个小问题之间的联系，在实际的应用过程中可以把小问题之间的关系进行量化，为后续的分析做好基础，层次分析法具有系统性和简洁性的特点[①]，广泛应用于社会和经济领域。层次分析法通过专家学者根

---

① 层次分析法具有 5 项优点：第一，系统性。把不同要素当成一个整体的系统，按照分析对比的思维方式先做出层次结构，最后来做出决策——系统分析（与测试分析、机理分析并列）。第二，实用性。该方法是定量分析与定性分析的结合，能够帮助研究者解决其他传统方法不能解决的问题。第三，简洁性。计算简单，过程清晰，结果明了，有助于决策者直接了解和掌握层次分析法。第四，分析思路清晰。可以使分析人员的思维过程更加数理化、系统化，迅速建立一个模型。第五，虽然分析所需的定量数据有限，但对问题的要求和关系的分析是具体的。第六，分层次过程（AHP）适用于多目标和多标准复杂问题的决策分析。

据问题间的联系进行手动打分;两两打分组成判断矩阵,根据形成的判断矩阵计算其特征值,特征值表现为所有子问题的权重分布,通过排序权重的分布,量化所有子问题对目标层的影响[①]。层次分析法通过人为的打分而量化了问题间的关系,通过对问题的系统分层与计算,得到精准的数值进行判断[②]。层次分析法的有效性体现在最终的分层关系,该关系是从人的主观打分中提取出来的,并非凭空捏造的,通过数值化让决策分析更加的清晰,是建模常用的方法之一[③]。层次分析法的运用步骤如下:

首先,依据层次结构建立模型框架。层次分析法将层次结构分为三个。其一是目标层,这是该模型需要解决的主要问题。其二是准则层,即由目标层转化形成的小问题,也称之为子因素,且准则层常不止一层。多层准则层可以分为准则层与子准则层,若子准则层为单层则更易于计算。其三是方案层,方案层的提出是为了目标层问题的实现,在准则层的基础上提出解决措施。为了实现本书的目标,应当设置这样三层的结构形成一个联结框架。目标层、准则层、指标层,层层递进,互相联结,呈类似金字塔的形状彼此影响[④]。

其次,根据专家打分形成判断矩阵。在建立层次结构模型框架时就已经确定层级中各指标的隶属关系。假设目标层中的特征元素为 A_k,准则层的特征元素为 $B_1 \cdots\cdots B_n$,则可以建立准则层元素 $B_1 \cdots\cdots B_n$ 的判断矩阵 B,是以目标层元素 A_k 为判断准则的。并且目标层元素的指标 A_k 可对准则层指标 $B_1 \cdots\cdots B_n$ 进行支配,针对上层准则 A_k,下层元素 B_p 与 B_q 的重要程度比较体现在矩阵元素 B_{pq} 的数值上,具体可以在每个层次中选择两个要素,采用相对

[①] 孔伟艳,曾红颖. 关注老年知识分子需求、撬动银发消费市场——基于焦点小组访谈的老年知识分子需要层次分析[J]. 宏观经济管理,2022(7):74-81.
[②] 王成,丁社教. 政府购买居家养老服务质量评价——多维内涵、指标构建与实例应用[J]. 人口与经济,2018(4):12-20.
[③] 秦晓蕾,陆登高. 基于治理能力提升的城管绩效考核:一个层次分析法应用[J]. 公共管理与政策评论,2020(2):33-42.
[④] 许琳,赵明星. 城市居家养老服务可获得性评价体系——基于因子分析和层次分析法[J]. 西北大学学报(哲学社会科学版),2017(6):63-71.

尺度，两两相互比较[①]。为提高数据的准确度，在进行两两比较时应使不同层次的因素差异缩小。对判断矩阵间的重要程度进行量化如下：

表 6-4 判断矩阵相对重要程度

量化值	因素 p 比因素 q
1	同等重要
3	稍微重要
5	相当重要
7	非常重要
9	极端重要
2，4，6，8	两相邻判断的中间值
B_{pq-1}/B_{pq}	倒数

然后，层次单个排序。在计算完成后，可以根据具体某一层级的因素权重进行重要程度的单个排序。

再次，对判断矩阵进行一致性检验。一致性检验的目的是确保在判断思维上的一致。当 X 较 Y 而言是非常重要的，而 Y 较 Z 是很重要的，那么一定可以得出 X 较 Z 是更重要的。在评判思考的过程中使用这种方法检验可以保持逻辑思维的一致性，避免出现前后矛盾，一致性检验具体可以采用一致性比率指标（CR）进行检验，若 $CR<0.1$ 说明判断矩阵通过了考验。

最后，对所有层次因素进行总排序。确定所有因素所在等级中的不同顺序，以确定优先级过程总体目标的相对重要程度，这称为层次结构的总排序，这个过程是从上到下依次的顺序，对于最高级别来说，层次结构的单一顺序的结果是总排序的结果[②]。

第二，模糊综合评价法。模糊综合评价法根据模糊数学的隶属度理论把

[①] 杨倩文，杨硕，王家合. 政府购买机构养老服务绩效评价指标体系构建与实证应用[J]. 社会保障研究，2021(5)：60-71.

[②] 许春淑. 基于AHP的城镇基本养老保险支出绩效评价——以天津为例的实证研究[J]. 税务与经济，2012(6)：41-47.

定性评价转化为定量评价,即用模糊数学对受到多种因素制约的事物或对象做出一个总体的评价[①]。其优点是结果清晰、系统性强,可以对于非确定性问题通过量化实现有效分析。模糊综合评价法的操作步骤如下:

首先,通过 AHP 层次分析法构建模糊综合评价指标。确定评估指标及体系是构建模糊综合评价指标的第一步。确定评价对象 $U=\{u_1 u_2 \cdots u_k\}$;确定评价指标体系 $I=\{p_1 p_2 \cdots p_v\}$;最后对模糊评语集 $B=\{b_1 b_2 \cdots b_j\}$ 进行确定。其中,权重向量是通过专家评价法或 AHP 层次分析法建立的[②]。

其次,根据评价指标进行隶属矩阵的构建。隶属度函数是构建评价矩阵 $R=\{r_{mn}\}$ 的先决条件,最终隶属度矩阵 R 如下:

$$R=\begin{bmatrix} r_{11} r_{12} \cdots r_{1n} \\ r_{21} r_{22} \cdots r_{2n} \\ \cdots\cdots\cdots\cdots \\ r_{n1} r_{n2} \cdots r_{n3} \end{bmatrix}$$

然后,隶属矩阵和权重的合成(U、B、R)就构成了一个模糊评价模型,采用适合的合成因子进行合成,并对结果向量进行分析解释[③]。评价对象的权重 $W=\{W_1, W_2, \cdots W_n\}$。依据评价等级对各评价指标进行评定,确定对 U_k 方案来讲其第 I_V 个评价指标做出第 B_j 评价等级的可能性大小[④]。依据评定可得隶属度矩阵如下:$R_k=\{r_{ij}{}^k,\}$。

最后,对以上进行综合评判得出结果。模糊综合评价结果需要对 P 进行

---

① 因为评估因素具有复杂性,评价对象的水平、评价标准和评价因素也具有模糊性,难以量化定性指标,在描述客观现实中难以使用绝对的数据,存在模糊现象,其说明也被用来代表自然语言。自然语言最独特的就是它的模糊性,但这种模糊性若是使用传统的数学模型来衡量统一是非常困难的。因此,采用模糊综合评判方法分析长三角医养结合服务影响因素具有以下优势。一方面可以很好地解决一般模糊综合评价模型的一些缺点,如因素多导致各因素权重小而造成的严重失真现象或多峰值现象等,适合评价多主体对多层次多类指标评价信息的整合。另一方面模糊综合评价法虽然采用模糊数学,但其方法简单易行,在一些用传统观点看来无法进行数量分析的问题上,显示了它的应用前景,可以对不确定性问题进行评价。
② 赵琛徽,刘欣.养老护理员工离职意愿的影响因素研究——基于模糊集的定性比较分析[J].人口与经济,2021(2):71-83.
③ 南妍,刘源,范晶.公办养老机构社会化改革动因及其组态效应——基于模糊集的定性比较分析[J].甘肃行政学院学报,2020(6):12-22.
④ 何艳玲,钱蕾."模糊的确定性":政府购买内容的选择机制[J].四川大学学报(哲学社会科学版),2016(5):14-22.

归一化处理后得出模糊向量。

模糊向量：$Q=\{W^0R,\}$。

已知隶属度向量 R 及权重向量 T，根据模糊综合评价的概念，则可以得到综合评价向量 P：$P=\{T^0R,\}$。

当对某一事物进行评价时，该评价事物由多方面因素决定[1]，需要单独对每个因素进行评价，作出一个单独的评语，再综合所有因素做出综合评语进行综合评价，这就是一个综合评价问题[2]，该方法广泛应用于模糊数学中。

6.3.2 权重计算

第一，构造层次分析判断矩阵及对指标进行权重计算。笔者根据所构建的长三角区域医养结合服务联动发展的评价指标体系，选用资源整合、环境联动、政策引导、市场协作来对长三角医养结合养老服务联动发展影响因素进行评价。并设计了长三角区域医养结合养老服务联动发展影响因素评价指标的相对重要性问卷，选取了10位相关领域的专家，请他们对长三角区域医养结合养老服务联动发展影响因素评价指标进行两两重要性比较，并且打分，为保证指标权重的合理性，进行一致性检验，一致性比例 CR 均小于 0.1，则满足层次分析法的使用条件，说明权重设置有效[3]。

经过计算可得目标层 L（见表6-5）的单排序层次权重为 0.1469，0.0790，0.2427，0.5314，目标层的排序情况为：$A4>A3>A1>A2$。表明长三角区域医养结合养老服务联动发展的程度受市场协作影响相对最深，受医养结合养老服务环境联动影响相对最浅。

---

[1] 丁建定，任志强. 基于模糊层次综合评估法的养老保险基金投资风险研究[J]. 社会科学辑刊，2015(3)：39-44.

[2] 徐烽烽，李放，唐焱. 苏南农户土地承包经营权置换城镇社会保障前后福利变化的模糊评价——基于森的可行能力视角[J]. 中国农村经济，2010(8)：67-79.

[3] 邹凯，张华，苏鹏. 基于模糊综合评价的社区服务评估指标体系研究[J]. 海南大学学报（人文社会科学版），2008(2)：173-179.

表 6-5　长三角医养结合服务联动发展影响因素判断矩阵及权重向量

	A1	A2	A3	A4	权重值 ω
A1	1	3	1/2	1/5	0.1469
A2	1/3	1	1/4	1/4	0.0790
A3	2	4	1	1/3	0.2427
A4	5	4	3	1	0.5314

对各层次指标的总权重排序，结果如表 6-6 所示：

表 6-6　各层次指标权重汇总表

指标层因素	权重	排序
一级指标		
人才和设施 B1	0.0979	4
保险覆盖 B2	0.0489	6
硬环境 B3	0.0198	8
软环境 B4	0.0593	5
医养引导政策 B5	0.1942	2
政策实施工具 B6	0.0485	7
医疗市场协作 B7	0.4251	1
养老市场协作 B8	0.1063	3
二级指标		
每千名老年人拥有养老床位数 C1	0.0480	6
城乡社区综合服务设施覆盖率 C2	0.0310	11
养老机构职工受教育程度在大学本科及以上人数 C3	0.0121	15
每万人口拥有持证社会工作者人数 C4	0.0069	19
基本医疗保险参保人数 C5	0.0327	9
基本养老保险参保人数 C6	0.0163	14
公路网密度 C7	0.0012	24
铁路网密度 C8	0.0109	16

续表

指标层因素	权重	排序
内河航道密度 $C9$	0.0048	21
人均拥有公共图书馆藏量 $C10$	0.0029	23
人均可支配收入 $C11$	0.0038	22
人均地区消费支出 $C12$	0.0056	20
老龄补贴人数占老年人比例 $C13$	0.0312	10
公共财政的卫生健康支出 $C14$	0.0187	13
医养引导政策 $C15$	0.1457	3
医养人才引进政策 $C16$	0.0486	5
政策实施流程 $C17$	0.0388	7
政策监督力度 $C18$	0.0097	17
卫生机构数 $C19$	0.0359	8
卫生机构床位数 $C20$	0.2319	1
卫生机构人员数 $C21$	0.1573	2
养老机构数 $C22$	0.0092	18
养老机构床位数 $C23$	0.0291	12
养老机构职工人数 $C24$	0.0680	4

第二，层次总排序结果。首先，在资源整合、环境联动、政策引导、市场协作四个因素中，可以看出市场协作因素的权重占比为0.5314，影响作用居于首位；其次分别为政策引导因素、资源整合因素及环境联动因素，占比分别为0.2427、0.1469、0.0790。结果表明，长三角区域医养结合养老服务联动发展过程中，区域市场协作是最重要的影响因素，但政策引导、资源整合、环境联动的影响亦不容忽视，应全方面、多角度综合评估长三角区域医养结合养老服务联动发展。另外，长三角区域医养结合养老服务联动发展受到了宏观和微观上的不同程度的共同影响。单从计算结果来看，市场协作和政策引导这两方面的内部因素对长三角区域医养结合服务联动发展影响程度更深也更直接，资源整合和环境联动虽然是外部因素，但可以作用于内部因

素，进而侧面影响长三角区域医养结合服务联动发展。

其次，在指标层因素中，8个一级指标的权重排序是：医疗市场协作$B7$＞医养引导政策$B5$＞养老市场协作$B8$＞人才和设施$B1$＞软环境$B4$＞保险覆盖$B2$＞政策实施工具$B6$＞硬环境$B3$，其中医疗市场协作、医养引导政策以及养老市场协作位居前3，权重分别是0.4251、0.1942、0.1063，后五个指标人才和设施、软环境、保险覆盖、政策实施工具、硬环境权重分别是0.0979、0.0593、0.0489、0.0485、0.0198。结果证实市场协作对区域医养结合养老服务联动发展的影响程度最深。因此，建立整体化、标准化的长三角区域医养结合养老服务市场是区域医养结合联动发展的重要条件。故区域医养结合市场整体化可以推动三省一市医养结合养老服务链式发展，从而满足区域老年人的医养服务需求，从而进一步优化区域医养结合资源。因此，长三角应该重视对区域医养结合养老服务市场的管理。

最后，在指标层因素的24个二级指标中，卫生机构床位数、卫生机构人员数、医养引导政策、养老机构职工人数以及医养人才引进政策总权重排名前5，权重之和是0.6515。其中，卫生机构床位数是长三角区域医养结合养老服务联动发展过程中最重要的影响因素。而人均地区消费支出、内河航道密度、人均可支配收入、人均拥有公共图书馆藏量、公路网密度总权重排名为后5名，权重之和是0.0183，对长三角区域医养结合养老服务联动发展的影响程度较低。

6.4　长三角区域医养结合养老服务链联动模糊分析

在前面构建了长三角区域医养结合养老服务联动发展评价指标体系，并采取层次分析法计算出各指标的权重。本部分在上述研究结果的基础上，利用模糊综合评价法对影响长三角区域医养结合养老服务链联动发展的因素进行综合评价打分，以期更加客观反映出长三角各个省市医养结合养老服务链联动发展影响因素的重要程度。因此，需要对各指标层的指标展开模糊综合评价，再与相应的准则层指标权重进行评价，得出各准则层对应指标的模糊综合评价[①]。基于长三角区域医养结合养老服务联动发展的相关指标数据、同类文献、相关专家学者评分，长三角区域医养结合服务链联动发展影响因素的综合评价结果可划分为5个等级，每个等级对应不同的评判值，指标的综合评价集合为：

$B = \{B_1, B_2, B_3, B_4, B_5\}$ = {不合格，合格，中等，良好，优秀}

为了方便计算，选择普遍采用的百分制进行打分，因此对评价集进行赋值，即(0, 20]，(20, 40]，(40, 60]，(60, 80]，(80, 100]。共划分为以上五个区间，区间对应的评判等级分别为：不合格、合格、中等、良好、优秀。评价集合对应的分数集合表示为：

$U = \{U_1, U_2, U_3, U_4, U_5\}$ = {20, 40, 60, 80, 100}

根据层次分析法计算出的指标权重，可建立如下评价子集：

$A_1 = \{B_1, B_2\}$；

$A_2 = \{B_3, B_4\}$；

$A_3 = \{B_5, B_6\}$；

$A_4 = \{B_7, B_8\}$

即对应目标层 L 一共有4个一级指标，一级指标下又各对应2个二级指标。由此可知目标层的权重为：

$W_L = (0.1469, 0.0790, 0.2427, 0.5314)$

其中，一级指标权重分别为：

$W_{A1} = (0.6667, 0.3333)$

$W_{A2} = (0.2500, 0.7500)$

$W_{A3} = (0.8000, 0.2000)$

$W_{A4} = (0.8000, 0.2000)$

其中，二级指标权重分别为：

$W_{B1} = (0.4899, 0.3164, 0.1233, 0.0704)$

$W_{B2} = (0.6667, 0.3333)$

$W_{B3} = (0.0584, 0.5519, 0.2409, 0.1488)$

$W_{B4} = (0.0638, 0.0947, 0.5259, 0.3156)$

---

① 赵庚，赵萌. 智慧养老评价指标体系研究[J]. 东北大学学报（社会科学版），2022(1)：88-94.

$W_{B5} = (0.7500, 0.2500)$

$W_{B6} = (0.8000, 0.2000)$

$W_{B7} = (0.0845, 0.5455, 0.3700)$

$W_{B8} = (0.0870, 0.2737, 0.6393)$

通过专家学者的打分整理可得出长三角区域医养结合养老服务链联动发展影响因素的评价等级表,见表6-7:

表6-7 长三角区域医养结合服务链联动发展影响因素的评价等级表

准则层		指标层	不合格	合格	中等	良好	优秀
资源整合 A1	人才和设施 B1	每千名老年人拥有养老床位数 C1	0	0.1	0.2	0.4	0.3
		城乡社区综合服务设施覆盖率 C2	0	0.1	0.2	0.3	0.4
		养老机构大学本科及以上职工人数 C3	0.1	0	0.4	0.2	0.3
		每万人口拥有持证社会工作者人数 C4	0	0.1	0.2	0.4	0.3
	保险覆盖 B2	基本医疗保险参保人数 C5	0	0	0.2	0.5	0.3
		基本养老保险参保人数 C6	0	0.1	0.2	0.5	0.3
环境联动 A2	硬环境 B3	公路网密度 C7	0	0.1	0.5	0.3	0.1
		铁路网密度 C8	0	0.1	0.2	0.3	0.4
		内河航道密度 C9	0	0.1	0.2	0.3	0.4
	软环境 B4	人均拥有公共图书馆藏量 C10	0	0.1	0.2	0.3	0.4
		人均可支配收入 C11	0	0.1	0.1	0.4	0.4
		人均地区消费支出 C12	0	0.1	0.1	0.5	0.3
		老龄补贴人数占老年人比例 C13	0	0.1	0.1	0.5	0.3
		公共财政的卫生健康支出 C14	0	0	0.2	0.5	0.3
政策引导 A3	医养引导政策 B5	医养引导政策 C15	0	0.1	0.2	0.5	0.2
		医养人才引进政策 C16	0	0.1	0.2	0.4	0.3
	政策实施工具 B6	政策实施流程 C17	0	0.1	0.2	0.4	0.3
		政策监督力度 C18	0	0.1	0.2	0.5	0.2

续表

准则层		指标层	不合格	合格	中等	良好	优秀
市场协作 A4	医疗市场协作 B7	卫生机构数 C19	0	0.1	0.1	0.5	0.3
		卫生机构床位数 C20	0.1	0.1	0.1	0.4	0.3
		卫生机构人员数 C21	0	0.1	0.1	0.4	0.4
	养老市场协作 B8	养老机构数 C22	0	0.1	0.1	0.5	0.3
		养老机构床位数 C23	0	0.1	0.3	0.2	0.4
		养老机构职工人数 C24	0	0.2	0.3	0.3	0.2

6.4.1 构建隶属矩阵

根据上述表中的相关数据，选择合适的隶属度函数来构建评价矩阵 R，可以得出 R_1 到 R_8 分别为：

$$R_1 = \begin{pmatrix} C_1 \\ C_2 \\ C_3 \\ C_4 \end{pmatrix} = \begin{pmatrix} 0 & 0.1 & 0.2 & 0.4 & 0.3 \\ 0 & 0.1 & 0.2 & 0.3 & 0.4 \\ 0.1 & 0 & 0.4 & 0.2 & 0.3 \\ 0 & 0.1 & 0.2 & 0.3 & 0.4 \end{pmatrix}$$

$$R_2 = \begin{pmatrix} C_5 \\ C_6 \end{pmatrix} = \begin{pmatrix} 0 & 0 & 0.2 & 0.5 & 0.3 \\ 0 & 0 & 0.2 & 0.5 & 0.3 \end{pmatrix}$$

$$R_3 = \begin{pmatrix} C_7 \\ C_8 \\ C_9 \\ C_{10} \end{pmatrix} = \begin{pmatrix} 0 & 0.1 & 0.5 & 0.3 & 0.1 \\ 0 & 0.1 & 0.2 & 0.3 & 0.4 \\ 0 & 0.1 & 0.2 & 0.3 & 0.3 \\ 0 & 0.1 & 0.2 & 0.3 & 0.4 \end{pmatrix}$$

$$R_4 = \begin{pmatrix} C_{11} \\ C_{12} \\ C_{13} \\ C_{14} \end{pmatrix} = \begin{pmatrix} 0 & 0.1 & 0.1 & 0.4 & 0.4 \\ 0 & 0.1 & 0.1 & 0.5 & 0.3 \\ 0 & 0.1 & 0.1 & 0.5 & 0.3 \\ 0 & 0.1 & 0.2 & 0.4 & 0.3 \end{pmatrix}$$

$$R_5 = \begin{pmatrix} C_{15} \\ C_{16} \end{pmatrix} = \begin{pmatrix} 0 & 0.1 & 0.2 & 0.5 & 0.2 \\ 0 & 0.1 & 0.2 & 0.4 & 0.3 \end{pmatrix}$$

$$R_6 = \begin{pmatrix} C_{17} \\ C_{18} \end{pmatrix} = \begin{pmatrix} 0 & 0.1 & 0.2 & 0.4 & 0.3 \\ 0 & 0.1 & 0.2 & 0.5 & 0.2 \end{pmatrix}$$

$$R_7 = \begin{pmatrix} C_{19} \\ C_{20} \\ C_{21} \end{pmatrix} = \begin{pmatrix} 0 & 0.1 & 0.1 & 0.5 & 0.3 \\ 0 & 0.1 & 0.1 & 0.4 & 0.3 \\ 0 & 0.1 & 0.1 & 0.4 & 0.4 \end{pmatrix}$$

$$R_8 = \begin{pmatrix} C_{22} \\ C_{23} \\ C_{24} \end{pmatrix} = \begin{pmatrix} 0 & 0.1 & 0.1 & 0.5 & 0.3 \\ 0 & 0.1 & 0.3 & 0.2 & 0.4 \\ 0 & 0.2 & 0.3 & 0.3 & 0.2 \end{pmatrix}$$

6.4.2 隶属矩阵与权重的合成

对 $R_1,R_2,R_3,R_4,R_5,R_6,R_7,R_8$ 分别进行复合运算,模糊集合 $P=\{W^0R,\}$ 是评语集合 B 上的模糊集合,是根据评价指标集合 I 上的权重 W 经过模糊关系 R 变换得来的。由此可以计算得出一级模糊评价结果:

$P_1 = W_{B1} \times R_1 = (0.0123 \quad 0.0877 \quad 0.2247 \quad 0.3367 \quad 0.3387)$

$P_2 = W_{B2} \times R_2 = (0.0000 \quad 0.0000 \quad 0.2000 \quad 0.5000 \quad 0.3000)$

$P_3 = W_{B3} \times R_3 = (0.0000 \quad 0.1000 \quad 0.2175 \quad 0.3000 \quad 0.3825)$

$P_4 = W_{B4} \times R_4 = (0.0000 \quad 0.1000 \quad 0.1316 \quad 0.4621 \quad 0.3064)$

$P_5 = W_{B5} \times R_5 = (0.0000 \quad 0.1000 \quad 0.2000 \quad 0.4750 \quad 0.2250)$

$P_6 = W_{B6} \times R_6 = (0.0000 \quad 0.1000 \quad 0.2000 \quad 0.4200 \quad 0.2800)$

$P_7 = W_{B7} \times R_7 = (0.0546 \quad 0.1000 \quad 0.1000 \quad 0.4084 \quad 0.3370)$

$P_8 = W_{B8} \times R_8 = (0.0000 \quad 0.1639 \quad 0.2826 \quad 0.2900 \quad 0.2635)$

二级模糊综合评价结果:

$P_9 = W_{A1} \times \begin{pmatrix} P_1 \\ P_2 \end{pmatrix} = (0.0082 \quad 0.0585 \quad 0.2164 \quad 0.3911 \quad 0.3258)$

$P_{10} = W_{A2} \times \begin{pmatrix} P_3 \\ P_4 \end{pmatrix} = (0.0000 \quad 0.0000 \quad 0.1531 \quad 0.4215 \quad 0.3254)$

$P_{11} = W_{A3} \times \begin{pmatrix} P_5 \\ P_6 \end{pmatrix} = (0.0000 \quad 0.1000 \quad 0.2000 \quad 0.4640 \quad 0.2360)$

$P_{12} = W_{A4} \times \begin{pmatrix} P_7 \\ P_8 \end{pmatrix} = (0.0436 \quad 0.1128 \quad 0.1365 \quad 0.3848 \quad 0.3223)$

三级模糊综合评价结果：

$$P_L = W_L \times \begin{pmatrix} P_9 \\ P_{10} \\ P_{11} \\ P_{12} \end{pmatrix} = (0.0244 \quad 0.1007 \quad 0.1650 \quad 0.4078 \quad 0.3021)$$

6.4.3 综合评价

按照前文所述的模糊综合评价指标所对应的评分集 $U = \{U_1, U_2, U_3, U_4, U_5\} = \{20, 40, 60, 80, 100\}$，其中，0 至 20 为很差，20 至 40 为差，40 至 60 为一般，60 至 80 为好，80 至 100 为很好。再根据最终评价结果 P_L，便可以计算出，长三角区域医养结合养老服务链联动发展影响因素的综合评价分值为 G，将 P_L 代入公式 $G = 20R_1 + 40R_2 + 60R_3 + 80R_4 + 100R_5$，根据计算结果，$G = 77.2512$，表明长三角区域医养结合服务链联动发展模糊综合评价等级处于"良好"这一等级。$G1 = 79.3560$，$G2 = 79.4471$，$G3 = 76.7200$，$G4 = 76.5855$，说明长三角区域医养结合养老服务链联动发展的资源整合和环境联动水平最高，区域政策引导和区域市场协作方面相对薄弱，有一定的进步发展空间。研究发现：

首先，长三角区域医养结合养老服务市场协作效率低。长三角区域医养结合养老服务市场协作水平的高低是由医疗市场协作和养老市场协作两个部分相互作用、共同影响的。医疗市场协作和养老市场协作的发展理念一致，其基础都是市场对医疗资源进行获取和整合的程度，主要受到自身以及其他区域合作市场的影响，区域内部医疗技术落后和经验不足的地区需要和发达地区相互合作，借助发达区域的力量带动本地医养结合服务市场的发展。长三角区域医养结合服务市场也可以通过感知外部医养服务环境的变化，对政策、市场环境等诸多潜在影响做出调整，及时改变长三角区域医养结合养老服务链联动发展的决策方向，更好地实现长三角区域医养结合养老服务链联动发展。

其次，长三角区域医养结合服务缺乏政策引导。目前长三角区域医养结合养老服务链联动发展还处于起步阶段，政府在医养结合联动发展的资金补贴和政策引导方面支持力度不够，社会力量参与区域医养结合服务联动发展较少。此外，长三角区域城乡老年人及其子女对医养结合服务联动发展认识还不够全面，政府应该加大对区域医养结合养老服务联动发展的宣传力度，引导更多的老年人享受到区域医养结合养老服务，增加医养结合服务市场供给，这些都需要加强医养结合养老服务的顶层设计，协助老年群体异地流动，实现长三角区域老人能够享受异地医养结合养老服务。

再次，长三角区域医养结合养老服务资源碎片化。从综合评价结果来看，长三角区域医养结合养老服务的资源整合得分较高，但没有达到"优秀"的等级，仍有进步的空间。长三角区域医养结合养老服务资源整合受到许多因素的影响，例如：人才资源、医疗资源、养老资源等。目前来看，长三角区域的医养结合服务资源整合呈现碎片化状态，人才资源整合难以共享，医疗资源整合存在区域壁垒，养老资源整合呈现区域分化。长三角区域主管部门应该厘清当前区域医养结合养老服务资源现状，探究如何在长三角区域医养结合养老服务联动发展中整合利用资源。

最后，长三角区域医养结合养老服务环境联动程度低。从计算结果来看，长三角区域医养结合养老服务环境联动的综合得分相对最低，说明长三角区域医养结合服务的环境联动程度有待加深。区域环境联动因素虽然不是影响区域医养结合服务联动发展的最直接的因素，但其影响力也不容忽视。其中，软环境对区域医养结合服务联动发展的影响较大。如：政府对医养结合服务的投入不仅指对于老年人的补贴，也包含政府在医疗卫生方面的支出情况，这两项资金对长三角区域的医养结合服务联动发展存在影响。硬环境代表了地区的综合发展实力，也间接可以表明该地区的医养结合养老服务的供给能力和联动潜力。

6.5 本章小结

长三角区域医养结合养老服务链联动发展影响因素评价指标体系，采用了专家学者调查法以及层次分析法确定各要素对长三角区域医养结合养老服务链联动发展影响因素的权重以及采取了模糊综合评价计算结果。可知，长三角区域医养结合养老服务联动发展受到多种因素影响。其中，市场协作影响程度最深，资源整合、环境联动以及政策引导也需要加以关注。首先，长三角区域医养结合养老服务链整体环境联动以及整合区域资源的整合效率低，需营造一个具有发展医养结合养老服务的有利外部环境，为医养结合服务联动发展打造坚实的基础。其次，区域内医养结合政策未标准化、未统一。长三角区域医养结合养老服务联动发展的关键离不开三省一市医养结合政策的统一，加强区域医养结合服务的顶层设计将有助于长三角区域医养结合养老服务联动发展。最后，长三角区域医养结合养老服务市场协作存在障碍。长三角区域之间存在的医养结合服务市场协作差异，导致长三角区域医养结合养老服务链联动发展受阻。因此，长三角三省一市应该抓住机遇，进一步完善区域医养结合服务联动发展的工作，从而增强区域的竞争优势。

7 整链：长三角区域医养结合养老服务资源链整合水平实证分析

长三角区域医养结合养老服务资源链整合的目的在于把有限的养老资源和有限的医疗资源进行合理调整，实现长三角区域内养老与医疗的双重服务功能，同时长三角区域医养结合养老服务资源链整合可以缓解长三角区域内医疗资源紧缺的压力。因此，长三角区域医养结合养老服务资源链整合是区域老年群体对健康养老需求的必然选择。

7.1 长三角区域医养结合养老服务资源整合的现状

通过深入分析长三角三省一市医养结合养老服务资源整合情况，可以看出三省一市有一些共同的短板需要克服，这也是三省一市携手应对老龄化挑战和合作的重点。

7.1.1 长三角区域医养结合养老服务资源整合统筹度不够

第一，长三角区域医养结合养老服务资源整合缺乏系统的政策支持。目前，长三角区域医养结合养老服务标准体系构建尚处在最初的探索阶段，医养结合养老服务标准体系缺乏。另外，长三角三省一市的养老服务政策碎片化，也无法引导各区域医养结合养老服务相关资源进行整合，导致长三角区域医养结合养老服务链式发展存在困难。第二，长三角区域医养结合地方标准不统一。长三角区域关于医养结合服务的标准主要集中于机构医养结合服务，而关注老年人一般照护需求的标准较少。如居家医养结合养老没有统一标准，社区医养结合养老没有统一标准等。同时，长三角区域针对医养结合养老服务的地方标准和团体标准中主要关注提供设施设备类的服务，缺乏对养老服务质量标准的规定。第三，医养结合养老服务资源整合度有待完善。对长三角区域养老服务资源同质化和地区间养老服务资源差异化的问题进行整合，不仅是医养结合养老服务异地养老、一体化的重要推动力，也是长三角区域各地区统筹医养结合养老服务资源互补的重要前提条件。

7.1.2 长三角区域医养结合养老服务资源配置不均衡

从长三角区域的实际情况分析，由于长三角各地区经济发展水平不一，各地医养结合养老服务资源配置也各不相同，例如江苏省内部，苏南、苏中和苏北的医养结合养老服务资源配置差异大，同时也存在医养结合养老服务人力资源的配置集中在城市，社区、农村地区资源较少的问题。这是因为医养结合养老机构的养老服务水平更大程度上由养老护理人员的专业程度来决定。目前来看，苏浙沪皖四个地区从事养老服务的相关工作人员都存在大龄化、文化水平低、专业养老知识技能短缺、人员流动性大等问题，且各地区之间养老服务从业人员专业化水平差距非常明显[1]。再一方面，长三角区域医疗养老互相结合的产业资源分布差异大，各地区对医疗养老结合服务能力的提升仍旧没有太大的重视。另苏浙沪皖四地在医养结合资源联动方面存在实践难点，表现为社区、养老机构缺乏优质的医疗资源介入，养老医疗产业分离，导致不能满足区域内老年人的医养结合养老需求。

7.1.3 长三角区域医养结合养老服务信息资源整合水平低

长三角三省一市正在积极筹建养老服务信息化平台，但目前只在少数几个城市进行试点。可见，在养老服务信息化平台建设方面需要进行有力提升，从而实现长三角区域内医疗数据资源、养老数据资源、老年健康信息以及老年人需求信息共享，否则将会阻碍长三角区域老年人异地养老需求的实现以及长三角区域养老一体化进程的推进[2]。如果长三角区域医养结合养老服务数据没有形成闭环，就难以共建共享，无法对老年群体的养老成本和医疗成本的控制提供更多信息技术支持。此外，长三角区域涉及的养老服务相关部门，例如民政部门、社会保障部门、卫生部门等也存在老年人数据缺乏有效的信

---

[1] 胡彬，仲崇阳，余子然. 长三角区域治理水平的测度与提升策略[J]. 区域经济评论，2022(3)：46-56.

[2] 李百灵. 长三角城市群基本公共服务高质量均等化程度对比研究[J]. 林业经济，2022(9)：20-34.

息资源整合的现象,从而造成区域内医养结合服务资源的浪费。故长三角区域医养结合养老服务信息资源整合水平低阻碍了医养结合养老服务链式发展。

7.2 长三角区域医养结合养老服务资源整合水平

7.2.1 长三角区域医养结合养老服务资源整合水平指标筛选

依据协同理论,系统处于不断运动之中,且又可以分为多个子系统进行观察研究,各种看似无规则的运动实际是由多种因素影响的,这种能够控制系统运动行为的变量被称为序参量。因此,可以通过对序参量的研究来观察系统整体协同发展的变化。该部分立足于长三角区域发展的实际,从协同优化发展的角度出发,选取了科学的、动态的、有代表性的序参量作为研究该系统协同发展的指标,并建立了长三角区域医养结合养老模式资源整合水平的指标体系。学者指出,区域养老资源整合是建立在一定的养老保障水平、医疗服务水平以及现实经济发展基础上的[①]。因此,长三角区域医养结合养老服务资源整合水平指标从经济水平、人口情况、保险覆盖、财政支出这四个层面设计了6个序参量指标,具体如表7-1所示。此外,长三角区域医养结合养老服务资源整合水平的高低直接决定了医养结合养老服务的现况与未来提升发展的可能性。

表7-1 长三角区域医养结合养老模式资源整合水平指标体系[②]

一级指标	二级指标	三级指标
医养服务基础	经济水平	人均地区可支配收入
		人均地区消费支出
	人口情况	65岁以上人口数
	保险覆盖	基本医疗保险参保人数
		基本养老保险参保人数
	财政支出	公共财政的卫生健康支出

---

① 李玉玲,胡宏伟.京津冀养老服务协同发展研究——基于SWOT框架的分析[J].人口与发展,2019(5):123-128.

② 数据来源:2013—2020年《中国统计年鉴》《中国民政统计年鉴》《安徽省统计年鉴》《浙江省统计年鉴》《江苏省统计年鉴》《上海市统计年鉴》。

7 整链：长三角区域医养结合养老服务资源链整合水平实证分析

续表

一级指标	二级指标	三级指标
医养服务资源	养老资源	养老机构数
		养老机构床位数
		养老护理员累计鉴定合格人数
	医疗资源	卫生机构数
		卫生机构床位数
		卫生机构人员数

7.2.2 长三角区域医养结合养老服务资源整合水平指标权重

为探究各个序参量指标在系统之中的相对重要程度，也为后续计算系统有序度作铺垫，需要对指标进行权重的计算。采用的权重计算方法为熵值法，该方法能够避免人为主观性带来的误差，客观准确地计算出每个指标的熵。其中，指标的熵值与信息量成反比，与指标的不确定成正比，也就是说，指标的熵值越小，则该指标的权重越大[①]。

那么，在长三角区域医养结合养老模式资源整合系统中，假设每个数据为 $X_{\theta ij}$ [$i=1$(安徽省)，2(浙江省)，3(江苏省)，4(上海市)；$j=1,2,\cdots,12$]，$X_{\theta ij}$ 则表示第 θ 年省份 i 的第 j 个指标值，具体计算步骤为：

(1) 标准化处理

$$\begin{cases} X'_{\theta ij} = \dfrac{X_{ij} - X_{\min}}{X_{\max} - X_{\min}} (X_{ij} \text{为正向指标}) \\ X'_{\theta ij} = \dfrac{X_{ij} - X_{\min}}{X_{\max} - X_{\min}} (X_{ij} \text{为负向指标}) \end{cases}$$

(2) 确定指标权重

$$Y_{\theta ij} = \dfrac{X'_{\theta ij}}{\sum_{\theta} \sum_{i} X'_{\theta ij}} (0 \leqslant Y_{\theta ij} \leqslant 1)$$

---

① 罗梦婷，周尚意，江攀. 京津冀养老院区域协同发展空间范围分析[J]. 地域研究与开发，2018(02)：58-62.

(3) 计算第 j 项指标的熵

$$e_j = -K \sum_\theta \sum_i Y_{ij} \ln(Y_{\theta ij}),\ 其中,\ K = 1/\ln(i)$$

(4) 计算第 j 项指标的信息量

$$d_j = 1 - e_j$$

(5) 计算各指标权重

$$w_j = \frac{d_j}{\sum_{i=1} d_j}$$

根据上述步骤,利用 $SPSS20$ 计算得到长三角区域医养结合养老模式资源整合水平指标权重。具体结果如下表 7-2 所示:

表 7-2 长三角区域医养结合养老服务资源整合水平指标权重

时间	2013	2014	2015	2016	2017	2018	2019	2020
人均地区可支配收入	0.078	0.070	0.074	0.080	0.083	0.090	0.092	0.094
人均地区消费支出	0.078	0.071	0.075	0.080	0.089	0.097	0.100	0.099
65 岁以上人口数	0.079	0.067	0.068	0.076	0.075	0.081	0.081	0.087
基本医疗保险参保人数	0.144	0.120	0.134	0.125	0.136	0.074	0.075	0.077
基本养老保险参保人数	0.063	0.056	0.060	0.066	0.068	0.073	0.074	0.077
公共财政的卫生健康支出	0.069	0.061	0.066	0.087	0.079	0.091	0.083	0.084
养老机构数	0.062	0.102	0.094	0.083	0.074	0.078	0.077	0.078
养老机构床位数	0.067	0.130	0.154	0.112	0.096	0.093	0.088	0.076
养老护理员累计鉴定合格人数	0.154	0.137	0.083	0.076	0.081	0.086	0.088	0.092
卫生机构数	0.076	0.054	0.059	0.064	0.065	0.072	0.073	0.074
卫生机构床位数	0.062	0.067	0.068	0.073	0.076	0.081	0.082	0.082
卫生机构人员数	0.071	0.065	0.067	0.073	0.079	0.088	0.088	0.087

如表 7-2 显示,这 12 个指标中,人均地区可支配收入、人均地区消费支出、65 岁以上人口数、基本养老保险参保人数、公共财政的卫生健康支出、养老机构数、养老机构床位数、卫生机构床位数、卫生机构人员数这 9 个指标在 2013—2020 年其权重整体上在上升,而基本医疗保险参保人数、养老护

7 整链：长三角区域医养结合养老服务资源链整合水平实证分析

理员累计鉴定合格人数、卫生机构数这三个指标的权重则在下降。在2013—2020年中，对长三角区域医养结合养老模式资源整合水平影响最大的前三个指标是2013年的基本医疗保险参保人数、2015年的养老机构床位数和2013的养老护理员累计鉴定合格人数，其中占比最高的权重有两个，均为0.154，紧接着是0.144。对系统贡献最小的三个指标是2014年的卫生机构数、2014年的基本养老保险参保人数、2015年的卫生机构数，它们所占权重分别为0.054、0.056、0.059。

7.2.3 长三角区域医养结合养老服务资源整合水平评估模型

三省一市医养结合养老服务资源整合系统内部又可以按照省市分为四个子系统，可以通过观察子系统的协同发展趋势去探究由四个子系统组成的复合系统的协同发展状况。因此，本书借鉴胡宏伟、王静茹对复合系统协同度的研究[①]，建立安徽省医养结合养老服务子系统(S1)、浙江省医养结合养老服务子系统(S2)、江苏省医养结合养老服务子系统(S3)、上海市医养结合养老服务子系统(S4)四个子系统，实证探究长三角区域医养结合养老服务资源整合水平。

各子系统的序参量指标为 $X_{ij}(i=1,2,3,4)$，X_{ij} 可分为正向指标与负向指标，正向指标对系统有序度的影响是积极的，而负向指标对系统有序度的影响则是消极的，在数据处理时会将其分开进行标准化处理。此外，$X_{\min}$ 为序参量指标相应的最小值，相对的，$X_{\max}$ 为序参量指标的最大值。

(1) 标准化处理

$$\delta_i(X_{ij})=\begin{cases}\dfrac{X_{ij}-X_{\min}}{X_{\max}-X_{\min}}(X_{ij}\text{为正向指标})\\[6pt]\dfrac{X_{ij}-X_{\min}}{X_{\max}-X_{\min}}(X_{ij}\text{为负向指标})\end{cases} \quad \text{公式(7-1)}$$

由于数据的单位和参考数值不一致，所以首先应该对其进行标准化处理，得出的 $\delta_i(X_{ij})$ 数值越大，则该指标其对子系统的影响也越大。

---

① 胡宏伟，王静茹.京津冀养老服务协同中的政府驱动治理研究——基于组织多重制度逻辑的视角[J].北京联合大学学报(社科版)，2022(1)：60-69.

(2) 建立子系统有序度模型

$$\delta_i(X_i) = \sum_{j=1}^{n} \eta_{ij} \delta_i(X_{ij}), \quad \eta_{ij} \geqslant 0, \quad \sum_{j=1}^{n} \eta_j = 1 \qquad 公式(7-2)$$

子系统的有序度是由两个因素决定的,一是指标序参量的权重,二是指标序参量的大小,反映的是该子系统整体的相互作用,$\delta_i(X_i)$ 值越大,则证明序参量对子系统的作用越大,该系统更加稳定。

(3) 建立复合系统水平评估模型

长三角医养结合养老服务资源整理系统不是由单个子系统决定的,而是有四个子系统的共同作用。假设某一初始时间(年)为 t_0,该时刻的各子系统有序度为 $\mu_i(t_0)$,在 t_1 时刻,各系统的有序度则为 $\mu_i(t_1)$。则长三角区域医养结合养老服务资源整合水平的模型公式为:

$$C = \theta \sum_{i=1}^{M} \lambda_i |\mu_i(t_1) - \mu(t_0)|, \quad \lambda_i \geqslant 0, \quad \sum_{i=1}^{M} \lambda_i = 1, \quad i = 1, 2, 3, 4$$

$$公式(7-3)$$

其中,各子系统的权重为 λ_i,是以各地区生产总值(GDP,单位:亿元)为参考序参量,结果公式如下:

$$\lambda_i = \frac{\text{GDP}}{\sum_{i=1} \text{GDP}_i}(i = 1, 2, 3, 4)$$

由上式可知,系统协同度 C 值的范围在 $[-1, 1]$,C 值越大,表示系统协同度越好。

第一,子系统有序度计算。由于选用的指标是从多个角度综合选择的,因此得到的数据样本量纲是不同的,若直接使用,则对系统会产生影响,为避免因序参量的量纲不同影响参考的尺度标准,我们把指标的样本数据整理过后代入公式(7-1)进行标准化处理,使得所有数据具有相同的尺度。在标准化处理之后,再将数据代入公式(7-2)得到 2013—2020 年长三角区域医养结合养老服务子系统有序度的相关数值,见表 7-3。

7 整链：长三角区域医养结合养老服务资源链整合水平实证分析

表 7-3 2013—2020 年长三角医养结合养老服务子系统有序度

年份	安徽省	浙江省	江苏省	上海市
2013	0.4655	0.8800	0.8950	0.1241
2014	0.4002	0.8882	0.8918	0.1241
2015	0.4358	0.9088	0.9362	0.1241
2016	0.4460	0.9577	0.9373	0.1412
2017	0.5457	0.9680	0.9329	0.1241
2018	0.5944	0.9671	0.9297	0.1241
2019	0.5928	0.9758	0.9266	0.1241
2020	0.5776	0.9757	0.9304	0.1241

从上表 7-3 可以看出，有序度的数值高低代表了各地医养结合养老服务子系统的发展水平，安徽省、浙江省、江苏省、上海市四个子系统有序度起点水平各异，有序度最高的是江苏省，其次是浙江省、安徽省，最后是上海市。但从整体来看，数值都是呈上升趋势，在 2013—2020 年四个省市有序度变化是较为一致的。其中，安徽省子系统有序度增加的数值是三省一市之中最高的，从 2013 年的 0.4655 上升到了 2020 年的 0.5776，七年内共上升了 0.1121。浙江省子系统有序度从 0.8800 上升到了 0.9757，基本处于一直上升的状态。江苏省子系统有序度从 0.8950 上升到了 0.9304，尽管江苏省子系统有序度是起点最高的，但其有序度上升变化不大。上海市子系统有序度在 2013—2020 年内初始年份与终止年份的数值则保持相同。

第二，复合系统整合度计算。复合系统内部情况复杂，我们基于上述计算先得出四个子系统有序度，再将三省一市两两复合，得到安徽—浙江、安徽—江苏、安徽—上海、浙江—江苏、浙江—上海、江苏—上海六个复合系统，对其整合水平进行计算。此外，还可以将三省一市一并复合，对其进行实证分析。

首先，长三角区域两两子系统资源整合水平的演变。以 2013 年为初始时刻，将表 7-3 中各地区有序度与各地区所占权重数值相应代入公式(7-3)，得到 2014—2020 年长三角两两子系统协同度结果，见表 7-4。

表 7-4　2014—2020 年长三角两两子系统协同度

年份	安徽—浙江	安徽—江苏	安徽—上海	浙江—江苏	浙江—上海	江苏—上海
2014	−0.01129	−0.01053	−0.00910	0.00362	0.00219	−0.00143
2015	0.01043	0.02437	0.00491	0.02499	0.00552	0.01946
2016	0.01444	0.00188	0.00411	0.01354	0.01576	0.00321
2017	0.01653	−0.01573	−0.01648	−0.00466	−0.00541	−0.00461
2018	−0.00696	−0.00830	−0.00690	−0.00163	−0.00023	−0.00140
2019	−0.00253	−0.00157	−0.00024	0.00361	0.00228	−0.00132
2020	−0.00243	−0.00400	−0.00241	0.00160	−0.00001	0.00159

根据上表可得，长三角区域两两子系统的协同度较低，最高仅为 0.02499。参考武华维等学者对协同度水平的标准划分①（见表 7-5），可以看出该复合系统的资源整合水平基本较低，甚至是处于无序发展的状态。在 2014—2018 年内，复合系统协同度变化十分明显，尤其是安徽—江苏系统，协同度从 2014 年到 2015 年上升了 0.03490，又从 2015 到 2017 年下降了 0.04010。在 2018—2020 年内，变化则相对较小，数值增加不明显，系统依旧是以较低的整合水平来发展演变。

表 7-5　系统协同度与协同状况对应关系

系统协同度	[−1, 0]	[0−0.3]	[0.3, 0.5]	[0.5−0.8]	[0.8−1]
协同状况	无序发展	较低水平	一般水平	较高水平	很高水平

其次，长三角医养结合养老服务系统整体资源整合水平的演变。区域整体资源整合水平表现的是整个系统最直观、全面的协同发展状况，每个子系统与其内部的序参量指标的数值都会影响最终的整合水平。因此，将安徽省、浙江省、江苏省、上海市四地的子系统有序度代入公式(7-3)，计算得出表 7-6。

---

① 武华维，王超，许海云，等. 知识耦合视角下区域科学—技术—产业协同创新水平的评价方法研究[J]. 情报理论与实践，2020(5)：91-95.

表 7-6 2014—2020 年长三角医养结合养老服务复合系统协同度结果

年份	2014	2015	2016	2017	2018	2019	2020
协同度	−0.01272	0.02989	0.01764	−0.02114	−0.00853	−0.00385	−0.00401

由表可知，长三角区域医养结合养老服务复合系统整合水平整体数值都在[−0.03, 0.03]范围内，基本为无序发展或较低的整合发展水平。自 2014 年起，整合水平有了较大幅度的变化，从−0.01272 上升到了 0.02989，2015 年后整合水平持续下降两年，降至−0.02114，又在 2017 年发生转折，逐渐开始上涨，但整合水平持续为负值，可能是医养服务异地对接困难、区域内子系统医保报销标准不一、其他医养配套制度未健全等原因所导致的。因此，长三角医养结合养老服务的整合发展缓慢，从目前发展情况来看，整体波动从剧烈逐渐转为平缓，但其协同水平仍需进一步提高。

7.3 长三角区域医养结合养老服务整合水平实证结果

综合上述实证结果可知，长三角区域医养结合养老服务资源整合水平都偏低，但有逐渐向好的趋势，其中各子系统的协同发展水平参差不齐，两两复合系统与四地复合系统的协同度发展变化十分相似，都是从剧烈波动走向稳定波动。具体研究发现：

第一，长三角区域三省一市医养结合养老服务各子系统内资源整合水平差距颇大。最高可达 0.9757，最低仅为 0.1241，极值极大，但各子系统有序度基本逐年稳定增长，内部变化差异不明显，如图 7-1 所示。江苏省与浙江省资源整合水平非常靠近，是三省一市中协同度较高的两个子系统。参考两地 GDP 水平可以看出（见表 7-7），江浙两地经济水平都很高，有良好的物质基础。因此，其在发展医养结合养老服务模式时有相似的社会经济背景助推。但研究也发现单有经济方面的支持难以完全提高系统的资源整合水平。依据协同理论可知，每个独立的系统都是复杂的、开放的，并且由多个关键序参量共同影响，故在后续的发展中，江浙两地还需要从其他方面进行考量，综合考虑多种情况，创新优化路径。安徽省的资源整合水平在四地之中中等偏低，其在经济水平、人才配备、政策设计等各个方面相较于长三角其他地区来说较为薄弱。但图 7-1 中也可发现，安徽省自 2016 年开始，有序度水平上升在三省一市是辐度最大的，发展趋势良好。因此，未来可提升的空间很大。值得关注的是，上海市子系统的资源整合水平处于该图的最低位置，考虑到上海市老龄化水平也是四地中最高的，老龄人口众多，该因素对其有序度影响颇大，未来有序度提升难度系数也相对较高。

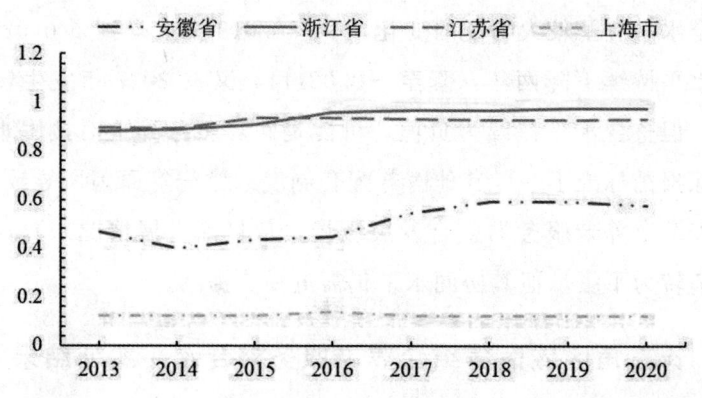

图 7-1 2013—2020 长三角医养结合养老服务三省一市子系统有序度

表 7-7 2013—2020 年长三角 GDP 情况　　　　　单位：亿元

年份	2013	2014	2015	2016	2017	2018	2019	2020
安徽省	19229.34	20848.75	22005.63	24407.62	27018.00	30006.82	37113.98	38680.63
浙江省	37756.58	40173.03	42886.49	47351.36	51768.26	56197.15	62351.74	64613.37
江苏省	59753.37	65088.32	70116.38	77388.28	85869.76	92595.4	99631.52	102718.98
上海市	21828.15	23567.7	25123.45	28178.65	30632.99	32679.87	38155.32	38700.58

第二，区域内两两复合系统协调性不佳。从图 7-2 中可以发现，从同一时间点看来，六个两两复合系统之间的资源整合水平并不理想，最高值也未超过 0.1，距离目标有序状态的数值 1 还存在着非常大的距离。其中，2017 年安徽—浙江系统与江苏—上海系统之间的资源整合水平差异最大，安徽与浙江在医养结合养老服务链式发展上的互动行为效果不佳，可能是跨区域合作交流偏少，在统计的 12 个指标中，差距明显，未达成良好的一体化合作意识。从时间发展的维度上来看，两两复合系统资源整合水平处于无序发展和

较低水平,具体原因为两两地区之间跨区域医养交流不多,缺乏分工协作,同时医养结合养老服务市场分割严重,更多的是地区内部的自我发展。其中,前期幅度变化显著,波动不定,各省市可能都在努力摸索,增加区域协作,此过程中会出现协同推进,也会发生协同阻碍,处于摸索磨合期。但在此后,各两两复合系统减少了大的波动,并逐渐明确方向,尽管提升的不多,协同水平依旧很低,但有稳定趋高的倾向。可见目前长三角区域在协同治理医养结合养老服务方面有了一定的成效,需要的是更进一步的规划。

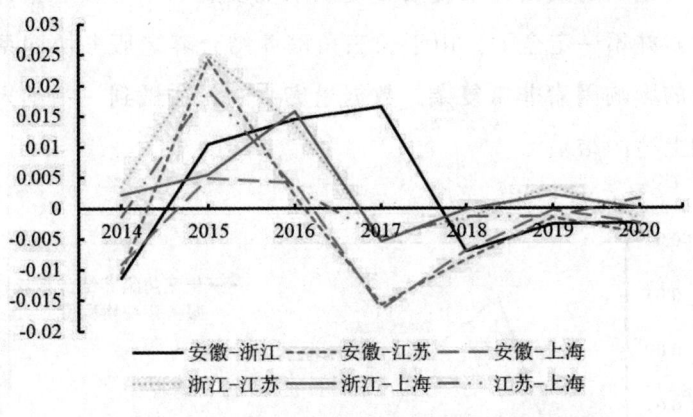

图 7-2　2014—2020 年长三角两两子系统协同度

第三,长三角区域医养结合养老服务资源链整合水平低。从图 7-3 可以看出,长三角区域医养结合养老服务资源整体协同发展水平较低、状态不稳定,长三角区域整体系统资源整合水平极有可能因为某个子系统数值过大或过小,影响其向有序的方向发展。所以整体系统的发展趋势与两两复合子系统的发展趋势在稳定性变化上是近乎一致的,都是前期波动明显、后期趋于稳定上升。该图也再次验证了长三角区域医养结合养老服务自 2017 年来协同水平在不断提升,但速度偏慢,仍旧有不少的阻力。首先,长三角区域医养结合养老服务链式发展还在推进阶段。相关的公共服务与资源配备以及政策配套还不完善,或者已经在发挥作用但短时间内从统计数据上难以反映完全。另外,由上述系列变化趋势图可知,长三角区域医养结合养老服务资源整合水平并非毫无进展,目前资源整合水平不高的原因主要是一些具体的细节问题①。其次,某些子系统有序度过低或变化突然,对整体系统会产生影响。核心子系统在同一系统之中的重要性非常突出,影响力会波及周围乃至整个系统。因此,当面对各省市医养结合养老服务模式发展水平不一且难以做到步调完全一致的状况下,很容易出现与理想发展水平有偏差的现象。但子系统可以选择互帮互助,缩短差距,让自身发展状况较好的省市带动自身发展状况较差的省市,优势互补,发挥系统协同作用。最后,序参量指标的选取上可能有一定的偏差,选定的数据并未囊括影响该系统发展的全部核心指标,促进协同发展的因素并不一定全面。由于长三角医养结合养老服务协同系统非常的庞大,涉及的影响因素非常复杂,数据量庞大,无法做到一一纳入计算,可能也会影响上述的结果。

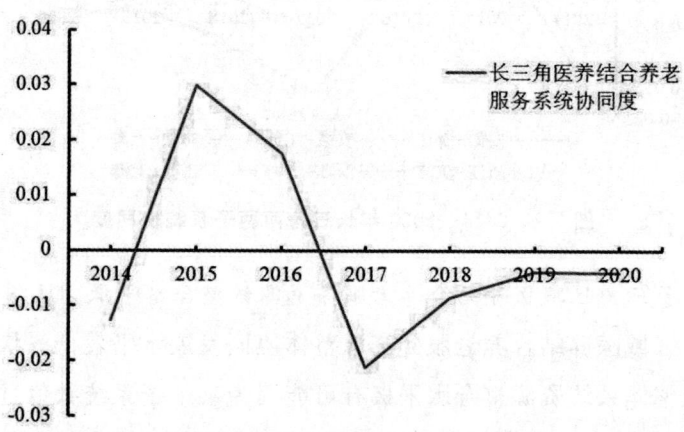

图 7-3　2014—2020 年长三角医养结合养老服务复合系统协同度

7.4　本章小结

资源有效整合配置是长三角区域医养结合养老服务链式发展的核心动力,

---

① 例如跨区域医养结合机制的不完善,阻塞了各省市进行经济、文化、人员等各方面互动的渠道,降低了协同发展的可能性。再如,长三角"医护"与"养护"缺乏联动合作,各区域主管部门之间缺乏协调管理,同时政府部门过于强势,未完全开放系统让其他主体参与,降低了系统协同发展的活跃度,让系统难以出现明显的水平提升。

笔者通过对三省一市医养结合养老服务资源的整合分析,得出长三角区域医养结合养老服务资源整合统筹度不够、长三角区域医养结合养老服务资源配置不均衡以及长三角区域医养结合养老服务信息资源整合水平低等问题。为进一步探究长三角区域医养结合养老服务资源链整合水平,该章节构建了长三角区域医养结合养老服务资源整合水平评估指标与评估模型,通过数据进行验证,研究得出以下结论。第一,长三角区域三省一市医养结合养老服务各子系统内资源整合水平差距颇大,但各子系统有序度基本为逐年稳定增长。第二,区域内两两复合系统协调性不佳。两两复合系统资源整合水平为无序发展和较低水平,具体可表现为两两地区之间跨区域医养交流不多,缺乏分工协作,同时医养结合养老服务市场分割严重,更多的是地区内部自我发展。第三,目前长三角区域在协同治理医养结合养老服务方面有了一定的成效,但区域医养结合养老服务资源链整合水平低,需要更进一步规划推动。

8 展链：长三角区域医养结合养老服务实践及启示

为应对老龄化及高龄化的双重挑战，长三角区域各大城市结合本地实际情况及人口老龄化现状，积极探索符合自身特色的医养结合发展新路径。目前来看，长三角区域医养结合养老服务有四种典型模式，分别为社区嵌入式医养结合养老模式、辖区内"1+1+X"式医养结合养老模式、医养结合机构互嵌养老服务模式及智慧医养结合养老服务模式。长三角区域各城市积极探索和发展医养结合养老服务模式，为长三角区域医养结合养老服务链式发展奠定了基础。

8.1 上海社区嵌入式医养结合养老服务模式实践

8.1.1 社区嵌入式医养结合养老服务模式

第七次人口普查数据显示，上海市常住人口有2487.1万，60岁及以上人口共581.55万，占20.82%，65岁及以上人口为233万，占10.12%。上海市人口中有三分之一是老年人，且高龄老年人口占比在长三角41个城市中居于首位,已提前进入"超老龄社会"①。加上上海市失能、半失能高龄老人的数量不断增加,传统的家庭赡养模式已无法满足上海老年群体对养老、医疗和护理的迫切需求。因此,上海市积极探索提出应对老龄化社会的社会化养老服务发展新思路,即首次建构社区嵌入式医养结合养老服务模式②。

上海市为实施社区嵌入式医养结合养老模式做了许多工作。首先,印发管理办法和评估标准,制定统一的需求和照护标准。其次,整合医疗及养老服务资源,使社区老年人根据不同的养老需求,在居家养老、社区养老和机构养老等不同养老方式中进行选择。社区卫生服务中心可直接为老年人提供服务,也可通过购买服务的方式委托其他的医疗机构为老人提供服务。社区卫生服务中心通过签订服务条款,与养老机构和医疗机构共同实现医养结合养老服务。最后,用"综合照护家园"模式来弥补"长者照护之家"模式的不足。社区"长者照护之家"主要是为中、重度失能老人,为照护等级为3~4级及以上的老人提供长期照护服务;"综合照护家园"中服务人群的范围得到进一步扩展,社区内全部老年人均可享受有针对性的多样化、个性化的养老服务。

8.1.2 上海社区嵌入式医养结合养老服务模式实践案例

上海市目前社区嵌入式医养结合养老服务模式有两种典型案例:一种是提供单一专业服务的医养结合养老机构;另一种是提供多元化综合服务的为老服务中心。浦兴社区福苑长者照护之家和陆家嘴长者综合照护家园,即分别对应提供单一服务的医养结合养老机构和提供多元综合服务的为老服务

---

① "超老龄社会"主要特点有以下三个方面:一是老年人口数量大、比例高,且老龄化发展态势迅猛。截至2018年底,上海60岁及以上老年人口503.28万人,占总人口的34.4%。65岁及以上老年人口336.90万人,占总人口的23.0%。其中,虹口区和黄浦区60岁以上的老龄人口占比已将近40%(分别为39.8%和39.3%)。二是高龄人口数量大、比例高,且高龄化趋势严峻。截至2018年底,上海80岁以上的老年人口为81.67万人,占总人口的5.6%,且100岁以上的人口已超过2500人。随着社会经济的发展和城市生活水平的提高,上海人口的预期寿命还在不断上升,其中2018年的平均预期寿命为83.63岁。因此,上海的老龄人口高龄化趋势将进一步加剧。三是独居老人和空巢老人数量增多,比例增高。随着城市化进程不断加快,传统家庭模式中的三代同堂越来越少,越来越多的新型家庭趋于小型化。截至2018年末,上海"纯老家庭"老年人数133.00万人,其中80岁以上"纯老家庭"老年人数36.95万人,独居老年人数31.01万人。为适应新的养老形势和满足新的养老需求,上海不断探索新的养老模式。

② 王亚琨,许佳瑞,吴茜茜,等.医养结合综合干预对上海郊区老年慢性肾脏病患者生活质量和精神状态的影响[J].上海交通大学学报(医学版),2022(7):904-910.

中心。

第一，浦兴社区福苑长者照护之家。作为上海市正式运营最早的社区嵌入式微型养老服务机构，浦兴社区福苑长者照护之家是上海市第一批医养结合试点单位(见图 8-1)。福苑长者照护之家于 2015 年在浦东新区落成，其充分利用了社区内现有资源，最大限度地满足了老年人多样化的养老需求。该机构占地面积达 470 平方米，运营初期设有 14 张床位，开业 2 个月实现了入住率 100%，开业 3 个月实现了床位流转，是上海市范围内首家实现机构运营收支平衡的微型养老服务机构。福苑长者照护之家所在地原是社区公共设施区域，政府通过招投标程序对福苑养老服务中心进行购买，其建造单位是辖区内的街道办事处，设备和资金的提供者是慈善基金会①。福苑长者照护之家在运营模式上，采取委托运营的方式，浦兴社区将其委托给福苑养老服务中心进行运营，并与该中心共享管理团队、技术人才、医护资源和社区服务等，节约了财力、物力以及人力，成功探索出了"以大带小"的社区嵌入式医养结合养老服务新模式。福苑长者照护之家不仅室内面积充足，还配有户外活动花园，设置了一定的寄养床位且床位费和护理费定价合理，可被有需求的老年人接受②。另外，福苑长者照护之家服务人员类型多样，上海市政府将根据该地区老人的实际需求数，按照全市统一标准配备服务人员。福苑长者照护之家的主要服务对象是本社区及周边社区失能、失智、高龄等生活不能自理的老年人。其服务内容聚焦三个方面，其一是为入住照护之家的老人提供基本日常生活照料，短期或长期托养服务；其二是为居家养老的老人提供上门康护训练、健康检测等上门养老服务；其三是为有护理需求的家庭提供援助照料和照护培训等服务。

---

① 龚秀全.医养融合的实现路径及其策略性嵌入——以上海为例[J].华东理工大学学报(社会科学版)，2016(5)：95-103.
② 朱浩.社区嵌入式养老服务的社会化运作机制及其实践逻辑[J].云南民族大学学报(哲学社会科学版)，2020(5)：98-106.

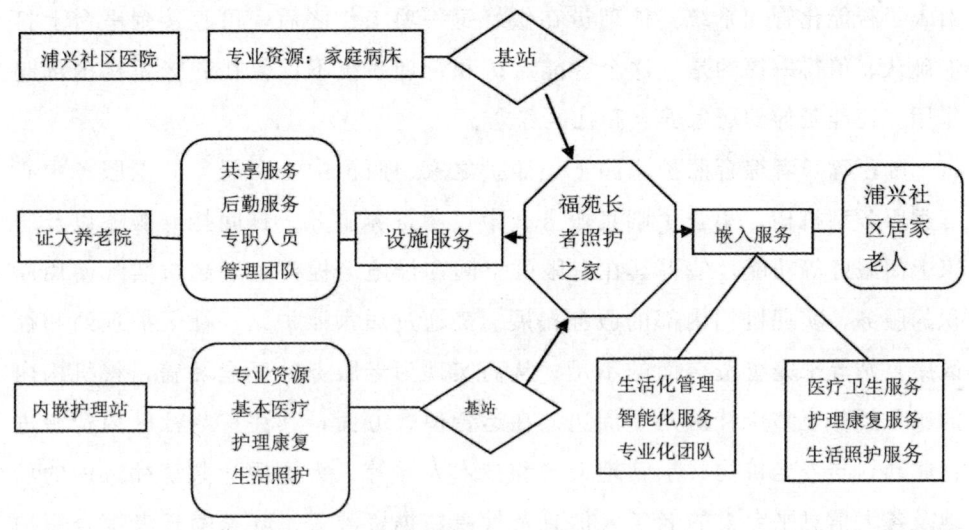

图 8-1 上海浦兴社区福苑长者照护之家

第二，陆家嘴长者综合照护家园。陆家嘴长者综合照护家园成立于2016年9月，是上海市创办的第一家社区综合为老服务中心。该服务中心采用"公办民营"的运营模式，街道提供场地与设施，专业社会组织负责管理和运营。服务中心旨在解决街道老年人的照护问题，力求建构打通居家、社区、机构壁垒的养老模式，同时试图破除"基本公共服务、公益性服务、市场化服务"的双重壁垒，实现"设施延伸居家、居家依托社区"的目的。陆家嘴长者综合照护家园占地面积一千多平方米，有两层，虽然面积不大，但功能齐全。一楼是老年人的活动区（包含室内外）和生活区（包括餐饮区、洗浴区等），还特地划分出一片区域为选择居家养老的老人提供白天寄养照料，为老人提供日常饮食、休息及理疗按摩服务。二楼则是长期照料床位，为社区内具有护理刚需的老人提供长期照料服务。除了为机构内老年人提供照护服务，陆家嘴长者照护之家也利用自身专业的照护经验和知识，为陆家嘴街道社区内的老年人提供居家上门养老护理服务，打造机构、社区以及居家联动的15分钟养老照护圈，真正做到社区老人养老不离家①。此外，陆家嘴长者综合照护家园

---

① 沈立洋. 以城市高龄照护服务为基础的上海公办养老设施设计研究[J]. 建筑学报，2017(10)：9-12.

引入了智能化管理系统,护理员在做好每一项工作之后,可直接到平台上打卡确认。值得一提的是,这个智能看护和管理系统不仅仅在养老机构内部起作用,还能延伸到居家养老和社区养老。

陆家嘴长者综合照护家园下设照护之家、照护中心和居家养老服务中心三类服务型机构,集合了喘息服务、中短期寄养服务、日间托养服务以及居家上门服务等功能,使得其在有限的空间和设施上提供远远超过实际使用面积的服务,实现机构内部的服务拓展。又通过居家照护站、社区护理站和社区康复站等来完善覆盖面的不足,从而实现为老服务社区全覆盖,将机构内的服务延伸至整个社区乃至周边。在运营模式方面,其注重与社区内资源进行联动,与养老机构共享管理人才和技术人才等人力资源,共享社区内的场地及各大信息平台上的老年人信息及健康数据资源等。陆家嘴长者综合照护家园统筹利用社区内医疗和养老及场地等资源,极大地方便了社区内老人养老,而且提高了社区内资源的利用率,真正意义上实现了居家、社区和机构服务一体化。陆家嘴长者综合照护家园改变了一元化服务模式,整合、调配辖区内为老服务资源,不断完善社区为老服务功能。如改造社区内的老年活动室,建造社区图书阅览室,引入助餐服务模式等,不断丰富老年人的文化、娱乐生活,满足老年人精神层面的需求。

8.1.3 社区嵌入式医养结合养老服务模式存在的问题

第一,医疗结合嵌入程度低。社区嵌入式医养结合养老服务模式的最重要功能是为社区内老年人提供基本的医疗服务,而目前其医疗服务的主要提供方式是医院的志愿服务和购买服务,在实践中责任主体模糊,导致效率低下,难以长期有效地追踪老年人的健康状况。并且社区嵌入式医养结合养老机构缺乏专业的医护人员,为老人提供服务的工作人员也缺乏专门的为老、助老培训,导致专业型、复合型人才紧缺。另外,现有的医疗报销制度也没有将社区嵌入式机构养老所产生的费用纳入报销之列,致使医养融合程度得不到提高、服务质量得不到保障。

第二,功能定位模糊。上海市部分社区嵌入式医养结合养老机构建造时由于功能定位不清楚,导致其被建成了功能单一的养老院,不仅医疗护理功能形同虚设,而且对社区内需要服务的老人提供的照料服务、入户服务也不到位,且对生活不能自理的高龄老人提供的特殊服务质量亦未达预期效果[①]。在实际运营中上海市社区嵌入式养老服务的对象仅包含失能失智老人、不能自理老人和高龄老人,而未扩展延伸至整个社区及周边的老年人,这就使得大部分老年人未享受社区嵌入式医养结合养老带来的便利和政策的福利。

第三,社区设施资源短缺。《国务院关于加快发展养老服务业的若干意见》发布于2013年,指出城市在总体规划中必须要纳入配套的养老服务设施,但是在实际操作中一些承接建设的企业为了降低成本而导致配套的养老服务设施工程始终不能交付使用[②]。现实是上海市部分社区嵌入式医养结合养老机构在投入建设时没有真正理解新型养老模式兼顾养老的功能,导致许多闲置资源无法承载新型养老模式的功能,没有规划好闲置资源的利用。导致寸土寸金的上海市社区土地资源难以将机构养老和医疗资源完全嵌入,致使社区嵌入式医养结合养老服务模式的功能不够完善。

第四,邻避效应阻力大。受传统养老观念的影响,上海市社区嵌入式医养结合养老服务模式在上海市的实践中并没有受到社区老人及其亲属的欢迎。虽然新型养老模式给老年人带来的便利和专业服务得到了社区居民的认同,但是人们大都不愿意为上海市社区嵌入式医养结合养老服务新型养老模式买单,新型养老模式也未能如预期那样被大众所接受,服务机构也未及时消除居民的顾虑,可见新型医养结合养老模式的建设和实施任重而道远,需进一步推广和完善。

8.2 杭州辖区内"1+1+X"式医养结合养老服务模式实践

8.2.1 辖区内"1+1+X"式医养结合养老服务模式

截至2020年底,杭州市60岁及以上老人有188.29万,占总人口的23.13%,换言之,大约每4.5个杭州人中就有一个是老年人,这其中失能、高龄、患病老年人对医疗和护理有着很大需求。杭州是第一批国家级医养结合试点城市,也是首批将医养结合养老产业链发展成规模和典型的城市。杭

---

① 李凤月,董申琪. 基于供需视角对上海市医养结合机构的调查分析及对策研究[J]. 中国卫生事业管理,2017(9):700-702.

② 曲绍旭. 养老服务体系主体协同动力机制[J]. 学术交流,2022(1):140-152.

州市结合自身老年人口状况及医疗、养老资源,致力打造辖区内"1+1+X"模式①的医养结合联合体。辖区内"1+1+X"模式的医养结合联合体是指由不同层级的医疗机构及养老机构组成的利益责任共同体。其中三甲公立医院负责牵头,社区卫生服务中心、乡镇卫生院和养老机构共同参与,形成紧密合作的三级医养联合体,实现医疗和养老资源的最大化利用。其运行机制是老人在社区卫生服务中心就诊,根据老人需要入住医疗照护病房。若病情需要时可迅速向三甲医院转诊,在三甲医院就诊的亚急性老人也可再转回医疗照护病房,得到社区卫生服务中心的住院诊疗服务,直至病情稳定便可出院回家,且回到家仍能获得社区签约医生的帮助和诊疗并享受上门用药指导、问询评估等服务②。杭州市从2020年7月开始正式实施医养联合体试点工作方案,各区积极开展城市医联体建设工作,设置医联体试点区域,形成"市属三甲医院牵头、社区卫生服务中心协作、医养结合机构参与"的三级医联体,实现医养联合体主体间的业务合作,促成双向转诊机制、医疗服务协作持续进行,使老年人能够就近享受优质、便捷、高效的医疗服务,大大节约了老年人的就医成本③。迄今为止,已有300多家基层医疗机构与3000多家居家养老服务机构在杭州市签订合作协议,服务老年人的数量不断增加,服务质量也获得当地老人一致好评。

---

① 即1家公立医院+1家社区卫生服务中心+X家辖区内养老机构组成医养结合联合体。其中,上城、下城、江干、拱墅、西湖、杭州高新开发区(滨江)、杭州经济开发区和杭州西湖风景名胜区实行"一家市级医院+一家社区卫生服务中心+X家辖区内养老机构和街道(乡镇)级综合性居家养老服务照料中心"模式,萧山、余杭、富阳、大江东产业集聚区、建德、桐庐、淳安和临安实行"一家区、县(市)级医院+一家乡镇卫生院(社区卫生服务中心)+X家辖区内养老机构和乡镇(街道)级综合性居家养老服务照料中心"模式。市级医院和区、县(市)级医院为辖区社区卫生服务中心提供医疗技术支撑,社区卫生服务中心与乡镇卫生院承担适当的养老机构与综合性居家养老服务照料中心护理康复技术支撑。无内设医疗机构的养老机构通过购买服务方式,对入住失能老年人提供医疗、护理和康复服务。提供医疗、护理服务的可以是医养结合联合体内的社区卫生服务中心(乡镇卫生院),也可以是其他医疗机构。医养结合联合体内社区卫生服务中心(乡镇卫生院)派驻的医生和护士除对养老机构的护理员进行指导和带教等工作外,原则上只为已经签订医养护一体化服务协议的入住老年人员提供医疗、护理服务。

② 张晖,王萍."居家养老服务"是服务输送还是补贴发放?——杭州的经验审视[J].浙江学刊,2013(5):219-224.

③ 马香媛,刘子含,黄鹤.合作配置活动理论视角下的居家养老模式探析——杭州养老社区的调查[J].浙江社会科学,2021(4):81-88.

8.2.2 杭州辖区内"1+1+X"式医养结合养老模式的实践案例

为解决失能老年人康复护理问题，实现医疗与养老的深度融合，杭州市卫生计生委联合财政、民政、社保、物价等部门扶持医养结合服务政策，制定《关于做好杭州市医养结合及护理型养老机构建设的实施意见》，创新医养结合及护理型养老机构技术的规范和准入标准，同时推动各地灵活建设医养结合护理型养老机构。自杭州市开展紧密医养联合体试点工作以来，医养结合技术服务能力水平与区域辐射深度得到进一步提升，其中最为典型的成功案例当数西湖区的"西湖模式"：西湖区依托区域内综合医院，大力发展辖区内"1+1+X"式医养结合养老模式，为更多老人带去更优质的医疗照护服务，其以老年人健康需求为导向，深入推进"区院合作"，整合多元力量，优化服务举措，创新工作模式，推进医养结合工作有序发展。

"西湖模式"将医疗照护病房设置在西湖社区的中西结合医院中，为老年患者及住院老人提供中长期照护服务。为了方便老年人在家门口就能获得三甲医院的医疗诊治，病房的运营全权托管给杭州医院。医养照护病房具有中长期照护医疗的特点，为不同患病程度的老年病患提供医疗照护服务，并按需设置特色病房。在社区医院开设医疗照护病房提升了社区内老年人就医的便捷度，提高了医院就医诊疗水平，且节约了老人的就医时间和物质成本，让老年人在居家养老过程中享受优质的医疗服务[1]。除此之外，出院后若老人仍有医疗需求，仍可享受签约医生提供的专业的上门服务，三甲医院病房的主治医生会与社区签约的"家庭医生"进行对接服务，随后签约医生会到居家康复养老的老人家中进行走访，并做好医疗和健康记录，完成患者从医院到居家的顺利过渡。"西湖模式"还创造性地开展了为失能、高龄老人进行评估、建档并定期复评的工作[2]。三甲医院的医护人员前往患病治疗后回家康复的老人家中，在老人家中医务人员对照量表，从老人的病史、病情、功能状态、居家环境、照护压力、心理负担、社会支持等方面进行全面评估，再对老人

---

[1] 廖卫东，廖剑南.基于协同治理的PPP养老产业困境和优化路径研究[J].江西社会科学，2020(4)：212-221+256.

[2] 李小鹰.勇做老年医养结合模式的开拓者——为医养结合西湖模式点赞[J].中国临床保健杂志，2019(1)：1-3.

进行全面的身体评估与检查,并根据病情给予专业的疾病及药物指导,完成老人能力评估档案的建立,也方便后期对老人进行定期复评。评估完成后,对获得的相关数据进行整理与分析,依据数据将老年人能力进行分层划分,为不同能力分层的老人定制不同的长期医疗照护和长期生活照护等服务项目,并为老人提供对应的居家医疗养老服务,如康复训练、身体健康监测、心理疏导等。同时,根据老人和家属的需要,将评估后需要长期生活照护的老人转介到第三方机构,并到相应机构为老人提供上门服务[①]。"西湖模式"在顶层设计、信息共享、双向转诊、医养服务覆盖面等领域积极探索,实现了"三甲医院—社区—家庭"间的无缝对接,得到了老人及其家属的一致好评。

8.2.3 "1+1+X"式医养结合养老服务模式存在的问题

第一,职能部门协作机制不健全。卫生、民政、社保、财政等部门多头管理,共同负责"1+1+X"式医养结合养老服务模式,很容易造成责任主体缺失,从而影响工作合力与长效机制的形成。"1+1+X"式医养结合养老服务模式在实践过程中存在着服务协议签订纠纷、资金不到位、服务机构布局不合理等实际问题,目前亟须健全各部门的管理制度,构建一个统一的养老服务系统,引导相关部门开展规范化、高效化的医养结合养老服务合作。

第二,医养结合服务项目不完善。参照杭州市医养结合服务项目实践,目前服务项目主要还是以生活照料和疾病预防保健为主,服务项目较少、内容不够丰富,诸如心理健康等方面的服务相对缺乏、供给不足,医疗服务资源整合强度低。一方面,医院和基层卫生部门人员数量少、日常工作量大、接诊业务量大,在一定程度上影响其到养老机构为老年人开展相关服务。另一方面,由于医养机构缺乏专门的资金支撑,未建立长期的合作机制与配套制度,导致医务人员对居家老人的健康服务意识不强,服务质量也有待提升。

第三,资源开放及共享度不足。目前,"1+1+X"式医联体整合的重点仍在服务领域,即检查、检验结果的共享,远程医疗看诊以及诊断等,但在医联体内的人员和设备这两项并没有实现真正的整合,共享力度仍然不够。例

---

① 唐健,何涛.从"碎片化供给"到"协同性治理":利益相关者理论视域下社区"医养结合"供给主体善治的逻辑重塑[J].云南民族大学学报(哲学社会科学版),2022(5):52-59.

如，在实际操作中只实现了"向上转诊"，没有实现"向下转诊"。对于在三甲医院治疗结束的病患，其后续的康复治疗等医疗服务应当及时转到基层医院进行，但就实践情况来看，"向下转诊"的情况很少见，达不到"双向转诊"的目的，资源的共享和合理利用没有实现。

第四，政策与实际需求不匹配。失能、半失能、失智及高龄老人是"1+1+X"中养老机构的主要服务对象，这对于机构内医务人员的资质要求并不是很高，但国家的一系列政策对于机构内的医务人员要求过高，限制了该模式医养结合养老服务机构的发展。另外，一些城市和地区尚未全面落实长期照护保险政策，老年人不能进行养老费用的报销，这在很大程度上也使养老服务机构的运营受到了局限。

8.3 南京医养结合养老服务机构互嵌养老服务模式实践

8.3.1 医养结合养老服务机构互嵌养老服务模式

据江苏省第七次人口普查公报显示，截至2019年11月底，南京市总人口数931.5万人，60岁及以上人口已达176.8万人，占18.98%，其中65岁及以上人口占比13.70%。南京市作为我国准一线城市，是第二批国家级医养结合试点城市。为应对老龄化，南京市积极响应国家号召出台一系列政策，鼓励医疗机构和养老机构合作，探索出医养结合养老服务新模式——医养结合养老服务机构互嵌养老服务模式。该模式兼顾老年人物质和精神层面不同层级的需求，有机融合了医疗和养老资源，逐步探索由专业人员组织、经营、管理的新型养老服务机构。该模式根据老年人各阶段具体的身体状况为其提供相应的医疗服务，包括健康检测、定期回访、卫生护理等，并整合利用医疗、养老资源，实现老年人的"老有所养""老有所医"[①]。当前，南京市医养结合机构互嵌养老模式按机构类型的不同可分为三种：其一是养中有医模式，其二是医中有养模式，其三是医养并重模式，以下将分别进行阐释。

第一，养中有医模式。即在养老机构中增设医疗服务的养老服务模式。

---

① 韩非，罗仁朝.基于可达性测度的城市社区居家养老服务供需匹配研究——以南京为例[J].经济地理，2020(9)：91-101.

这种模式可以有效弥补养老机构在医疗、护理方面的不足，以便为老年人提供更好的照护、康复服务。鉴于其投资金额大，资质申请难，许多民营养老机构望而却步，但其适用于公立养老机构或社会福利院，可以按医院的标准来建设机构，并设立足够的床位数，配备专业的医护团队与医疗设施，从而形成集养老、医疗、康复、照护等功能于一体的医养结合机构，服务于老年人的晚年生活[①]。

第二，医中有养模式。即在医疗机构中设置养老服务的养老服务模式。该模式有两种不同的形式，第一种是在医院成立全新综合科室——老年科室，为老年人提供医疗、护理、养老、康复等医养结合服务。第二种是由传统的综合社区医院转型而成，该机构可以有效满足老年人在照料、医疗康复、护理、疗养等养老服务方面的需求，实现医疗资源和养老资源的整合利用，从而达到医养结合的目的[②]。

第三，医养并重模式。该模式指的是医疗机构和养老机构通过签订协议来共同实现医养结合，通常包括一个持续护理的社区养老机构以及一家以康复、治疗老年病等为特色的三级专科医院。从医院层面来说，医院负责对养老机构的工作人员进行专业的医护技能培训，并定期到养老机构对老人进行治疗回访和健康检查，满足老年人疾病排查及疾病预防的需求。就养老机构层面而言，入住养老机构的老年人到合作医院就医可有效缩短就医时间，方便诊断治疗，待老人病情稳定或痊愈后，可再回到养老机构中享受养老服务，从而形成高效的转诊机制[③]。

8.3.2 南京医养结合养老服务机构互嵌养老模式实践案例

第一，钟山银城梅苑颐养中心。南京最为典型的养中有医模式实践案例是钟山银城梅苑颐养中心。钟山银城梅苑颐养中心于2019年开业，由南京银城康养养老服务公司与南京钟山集团投资有限公司合力打造，是一家融合了

[①] 周圣华，张建坤，范洁，等.基于网络化治理的社区居家养老服务体系分析——以南京市为例[J].现代城市研究，2018(8)：13-20.

[②] 邓敏，杨莉，陈娜.医养结合下老年人医疗消费行为影响因素分析——以南京市为例[J].中国卫生政策研究，2017(1)：52-57.

[③] 万浴，黄紫荆，陈刚，等.社区尺度下南京鼓楼区养老设施综合评价研究[J].测绘科学，2021(4)：135-141.

对老年人进行生活照料、给病患老人提供康复管理、充实老年群体精神世界、提供专业养老服务的综合养老机构。钟山银城梅苑颐养中心建筑面积约14000平方米，分为颐养公寓、活力公寓、养护公寓，房型包括单人、双人、多人，可满足老年人不同的养老需求。颐养中心通过优化服务细节，努力提升自身服务质量，也解决了老年群体目前存在的"低端不想去、中端进不去、高端住不起"现状的问题，让老年人实现"低端想去住，中端住得进，高端住得好"。颐养中心在满足了老人生活起居的物质需求和医疗照料的健康需求之后，开始就精神文化需求做文章，其专业的养老和照护服务不断延伸，不仅在社区内建立了老人活动角，方便居家养老的老人们前来交流，还经常组织社区老人活动，从而带动机构内和居家老人积极参与，使他们精神及文化需求得到满足，打破了养老院与社会之间的无形藩篱，又围绕精神需求层面优化服务内容，开设了老年大学，开展书法、象棋、广场舞等活动，全方面、多角度考虑居家养老老人和住户老人的精神需求。

钟山银城梅苑颐养中心不断对资源进行整合升级，以期达到更高标准的专业服务水平，其具体表现在对于老人的日常饮食、健康检查、康复治疗等方面，力求让入住老人享受家一般的亲切服务，安享快乐晚年[①]。另外，钟山银城梅苑颐养中心还积极响应政府号召，形成服务多元化、养老产业丰富化的养老服务格局，提升区域养老服务承载能力。同时该颐养中心还与南京的一家医院进行签约达成协议，这就意味着其可为入住老人提供更高水平、更加便利的就医条件，医养结合服务再度升级。作为国营与民营资本合作的社会民生项目之一，钟山银城梅苑颐养中心在养老市场已经占有一席之地，并以其专业和周到的服务高效服务着玄武区老人，且不断筹划构建康养综合体，为更多老年人提供更全面的养老服务。钟山银城梅苑颐养中心的发展说明公建民营模式具有先进性，不仅推进了政府与企业间的合作，还对玄武区甚至南京市的养老综合服务发展贡献了力量。

第二，江苏钟山老年康复医院。江苏钟山老年康复医院是南京市实行医

---

① 王滢鹏，巢健茜，蔡瑞雪，等. 南京市居民长期护理保险参保意愿及影响因素[J]. 中国公共卫生，2020(7)：1043-1046.

中有养模式的典型代表机构。2018年1月该老年康复医院正式运营,其是江苏省人民医院的康复分院,也是南京医科大学康达学院及钟山学院教学实训基地和学生实习基地。作为江苏省内首家老年人专业康复医院,钟山老年康复医院有效解决了目前江苏省老年人在养老机构就医不便等突出问题,形成居家、养老、护理三者为中心的融合体,突破了现有经济和行政之间的屏障,使二者共同服务于医疗和养老产业。同时,钟山老年康复医院也是一家非营利性老年专业康复医院,设有基础门诊,配备先进的检验、放射和超声诊断设备,成立神经康复、综合康复等康复病区,一体化运营医、护、治、养、康。其服务理念是"以患者为中心",以医疗质量与服务质量为抓手服务于每一位病患及老人。医院环境风格简单、绿色,病房全部单间,温馨如家。医院有齐全的资源配置和专业的医疗团队、护理团队,一期设有500~600张床位,二期可容纳300~500张床位,是南京市医保定点单位。在管理上强调以患者和健康为中心,奉行以人为本的理念,实行"医—治—护"一体化管理。江苏钟山康复医院不单针对老年人,还吸收各年龄段的康复期病人,医院设脑损伤康复病区、脊髓损伤康复病区、儿童康复病区和综合康复病区,康复专科门诊、中医门诊、药剂、检验、放射、超声诊断、心肺运动试验、康复工程中心等诊疗科室齐备,可满足不同康复期病人对于医疗和康复的需求,医疗水平和服务水平受到社会大众的一致好评。

第三,鼓楼区东方颐年象山颐养中心。南京市采用医养并重医养结合模式的机构最多,其中最具代表性的是鼓楼区东方颐年象山颐养中心。该中心成立于2017年,由一家社会福利院改造完成,建筑面积为4000余平方米,有床位143张,是一家4A级标准的精品养老机构,有多种病房可供不同需求的老人选择。象山颐养中心内设康护区(包含医务室、护理中心、康复理疗中心)和生活功能区(包含文化娱乐中心、综合活动中心、山麓花园)。机构内各中心模块互不干涉,方式也很灵活,有必要时各中心联合运作也很快捷方便,减少了时间成本。该颐养中心为每位入住的长者建立健康档案,并定期评估长者的身体健康状况,提供慢性病管理宣教和指导。同时还配备康复室,内设多种功能的康复保健器材,帮助长者维持正常功能活动,并且每层均设有护理站,为长者的健康保驾护航。象山颐养中心秉持医养结合的经营理念,为入住老人提供高质量、精细化、专业化的品质养老服务和专业的医疗服务，为可自理的健康老人提供专业照护、健康管理、营养均衡的膳食、丰富的文娱活动，同时也为可为高龄、失智失能等不可自理老人提供专业的医养服务和助老服务。象山颐养中心为入住老人提供360度服务，包括日常起居、饮食提供等生活照料服务，健康监测、定期体检等健康管理服务，医疗对接、术后康复等医疗服务，还有心理咨询和疏导服务等等。此外，该颐养中心的运营机构银城康养集团在2021年11月积极与东南大学附属中大医院开展新型医养联合体战略合作，此次战略合作有四大"新"：其一，共建人才培养新体系；其二，共创整体合作新深度；其三，共建互联网医院新载体；其四，共享双向转诊新通道。将东南大学附属医院的医疗资源引入颐养中心，可以方便专家医生远程会诊、远程健康监测，使老人得到更好的医疗照护和救治。

8.4.3 南京医养结合养老服务机构互嵌养老模式存在的问题

第一，南京医保政策需要进一步优化。多数患有慢性病以及多种并发症的老人后遗症比较严重，即使医保报销，这部分老人依然无法承担巨额持久的医疗费用支出。例如急性脑卒中患者的恢复期治疗需要进行针灸、推拿等多种辅助理疗。另外，随着物价政策的不断调整，20世纪八十年代制定延续至今的上门服务收费标准相对较低。南京市医保政策规定每日换药费标准最高是30元，对于老年患者来说，该价格远低于部分老人换药所需的材料费[①]。对于医护人员来说，老人治疗周期长、治疗效果微弱，且医护人员上门巡诊一次需支付十元，种种因素导致其上门巡诊的出行服务率低，降低了医护人员的积极性。

第二，医养结合有效养老服务人群有限。南京市的公办养老机构相对较少且多设置于郊区，床位也十分缺乏。失能、半失能老人的不断增加导致医护型床位供不应求。目前秦淮区14家医护型养老机构的服务对象仅覆盖区域内60岁以上老人中的3.5%，包含低保、残疾、空巢、失独等困难老人在内

---

① 沙勇，汪琪.基于元治理理论的南京居家养老服务供给研究[J].人口与社会，2022(5)：13-24.

有96.5%的社会老人急需基本的医疗服务①，民办养老机构向紧密型医养融合方向的转型面临着有心无力的局面。

第三，养护医患问题处置困难。大部分入住医养结合养老机构的老人都是失能、半失能老人，有些家属将老人送入机构后，就不再过问。突发急病的老人在大医院抢救治疗期间需要护理人员与家属联系以获取同意，但常常没有答复②。部分南京养老机构虽然欢迎推进医养结合，但因担心出现医患纠纷，害怕简单的民事合同关系复杂化，而对医养一体化望而却步。

8.4 合肥智慧医养结合养老服务模式实践

8.4.1 智慧医养结合养老服务模式

合肥市是安徽省最早进入人口老龄化的城市，也是第二批医养结合服务改革试点城市之一。截至2020年底，合肥市60周岁以上老年人口占户籍总人口的17.3%，共135.3万人，老年人数量多、增长速度快，且随着城市的发展和居民生活质量的不断提高，还会产生高龄化、空巢化的趋势，这将导致生活不能自理老人和失能、半失能老人比例不断上升。

2017年，国务院发文倡导发展智慧养老服务产业，并解释了智慧健康养老的内涵，即通过互联网技术来整合医院、社区、机构的医养照护资源，实现资源的最大化利用③。智慧医养结合养老服务模式通过创新，全方位、多层次满足了老年人群的医养康养需求。因此，可以说合肥市为面对日益严重的老龄化社会，紧跟国家的智慧养老战略方针，以老年人医疗、养老服务需求为导向，结合本市人口特点积极探索，找到了符合自身发展方向的医养结合模式——智慧医养结合养老服务模式④。将"互联网+"与医疗、养老结合，不

---

① 张孟，林振平，詹祥，等.基于政策工具的南京市医养结合政策文本分析[J].中国卫生政策研究，2021(6)：21-28.

② 汪三贵，张梓煜.协同赋能：农村失能老人养老服务供给研究[J].湖南农业大学学报(社会科学版)，2022(1)：9-15.

③ 廖楚晖，周全林.智慧养老服务资源配置协同的支持模型研究——基于信息集成的数据模拟[J].当代财经，2020(7)：38-49.

④ 陈俊峰，王硕.城市"医养结合"型养老存在的问题及其解决途径——以合肥市为例[J].城市问题，2016(6)：92-97.

仅是一种对新的养老模式的大胆尝试，而且也顺应了当下中国老龄化社会的基本国情。另外，互联网技术使线上服务、数据共享成为可能，且其提供的新型看诊、诊疗、决策、照护等模式，可为老年人提供低时间成本、低经济成本的医疗养老服务，互联网让老人获得更好的医疗体验和更全面先进的医疗资源[①]。

智慧医养结合养老模式是指依托大数据、互联网、物联网等现代信息技术和人工智能，构建以老年人的需求为导向的医养结合养老模式[②]。该模式依托智慧养老信息服务平台，在平台的基础上推动互联网技术在医疗、养老、居家生活等领域的融合应用，为老年人提供健康监管、医疗诊断、康复治疗、心理咨询等"互联网＋"养老服务[③]。该平台的主体包含老年信息数据库、老人健康信息平台等，依靠"智能终端＋云平台＋大数据＋服务"，各个主体互融互通，利用线上、线下结合的优势，形成诊前、诊中、诊后一体化医养服务模式[④]，提高医养结合服务效率。合肥智慧医养结合养老服务模式的运行未来可分三步走：第一步利用互联网平台，架设医疗养老服务监管平台。第二步依托互联网平台，实现医疗养老服务功能的全覆盖。第三步是掌握老年人的养老需求，让互联网服务真真切切地走进现实。同时，该平台还设有养老服务延续功能，通过接入政府的"12349"为老服务平台热线，为老人提供健康信息查询、心理问题咨询、健康常识咨询等服务[⑤]。因此，智慧医养结合养老服务模式通过将互联网技术融入医养结合服务，有机整合医疗和养老资源，高效融合医养结合服务功能，增加经济效益，提升医养结合服务质量和效率。

---

① 何妮，霍聪聪，等. 人工智能应用对养老服务质量的影响——基于杭州、合肥、武汉三地调查的实证分析[J]. 社会保障研究，2021(5)：72-80.
② 于凌云，李易颖. 社区智慧养老资源配置协同度评价研究[J]. 经济与管理评论，2021(4)：149-160.
③ 王昌，申子阳，孙晓宁. 老年用户智慧医养需求影响因素理论框架构建[J]. 情报理论与实践，2020(11)：71-78.
④ 初佃辉，吴军，刘志中，等. 智能化医养融合服务平台关键技术及应用研究[J]. 智能系统学报，2021(5)：972-988.
⑤ 张玥，朱庆华，韩文婷，等. 智慧养老技术与医养结合模式的融合新业态研究——2018年第五届智慧养老与智慧医疗发展论坛会议纪要[J]. 图书情报知识，2018(5)：124-129.

8.4.2　合肥智慧医养结合养老服务模式的实践案例

为推动智慧医养结合养老服务发展，合肥市出台了一系列法律法规[①]，并选择庐阳区作为先行典范，在该区展开试点工作。庐阳区自2018年打造智慧养老综合信息平台，并于2019年6月完成。该平台整合了全区养老、医疗服务资源，对全庐阳区老年人口数、基本信息，社区养老服务点信息，养老服务机构信息以及养老人员、为老服务项目信息进行录入，实现政府、机构、医院、社区、民众间的信息资源共享，截止到目前该平台已录入覆盖庐阳区全体老人的8万余条信息[②]。其中智慧养老综合信息平台先分析并分类信息，构建功能强大的智慧养老信息化数据库，再处理大数据，为信息化医养服务提供载体，方便管理和进行数据筛选，以便后期对相关业务进行指导。该平台包含"公众门户""机构养老服务平台""医疗信息服务平台""养老服务管理平台""社区居家养老服务平台"等子平台，各类信息在互联网上的传递和整合，实现了养老医疗服务监管的"一线贯通"[③]。各分平台对各大平台都可进行监督和管理，比如民政部门可以利用该平台为人民谋福利，通过对其他各个平台的监管，对老年专项资金的实际使用情况进行跟踪等。建立三级（区、街道、社区）医疗养老服务平台，实现了医养服务各级的信息化管理，实现了医养服务业务的简化、高效，真正实现医养服务"一网覆盖"。智慧养老综合信息平台的数据涵盖多种信息资源，例如整个庐阳区的老人的所有信息、养老机构信息、医疗资源分布信息及社区养老服务站信息等，同时还可以跟进专项老年资金、为老服务项目使用和实施的进度，形成一个完备的庐阳区智慧养老信息化数据库。政府部门可在平台上获取需要的信息，并对数据分析，对制

---

① 例如：《合肥市居家养老服务条例》（以下简称《条例》）审议通过，从法制的层面为居家养老服务工作的统筹推进、协同发展打开了良好局面。《条例》的颁布实施在市级居家养老服务立法层面填补了空白，也走在了全国的前列。在贯彻落实层面，当地更是将《条例》的实施情况纳入各县（市）区政府和开发区管委会年度考核指标体系。同时，当地出台了《关于贯彻落实＜条例＞的通知》《关于印发养老服务体系建设任务的通知》《合肥市政府购买居家养老服务实施方案》《合肥市社会养老服务体系建设实施办法》《合肥市高龄津贴发放管理办法》《合肥市新建住宅小区居家养老服务用房和设施的建设、移交与管理办法》等法律法规。

② 孙群，孟萍萍.公建民营养老机构智慧养老服务研究——以合肥乐年庐阳记忆养老院为例[J].辽宁工业大学学报（社会科学版），2022（3）：42-46.

③ 王倩.人口老龄化背景下城市社区"嵌入式"养老模式研究——以合肥市庐阳区为例[J].安徽行政学院学报，2019（1）：102-108.

定政策法规有一定的指导作用,养老机构可通过平台上对满意度等的数据分析,不断提高其服务水平,更好地服务辖区内老人,老人及家属可在平台上查询养老机构的服务信息,在选择养老机构时,有更好的参考和借鉴。下一步,庐阳区将升级改造智慧养老综合信息平台(见图8-2),如接入庐阳区残疾人信息系统、精准救助服务信息平台等,使老人信息透明化,实现各独立平台间数据的共享,更全面、更周全地服务辖区内老人。"智医助理"依托强大的数据库资源与智能思维,具备信息录入与诊断、电子病历规范生成、集体智能外呼、语音交互提醒等多项功能服务,让老人能够享受全国优秀的医疗资源,协同多方共同协助基层医生进行病患诊断与老人日常的健康管理。除了"智医助理"的运用之外,信息技术的助力还包括"一键报警"系统全天候关注老人的日常作息健康情况,"刷脸"技术助力老年人日常餐补,"智能手表"充当健康"小管家"等等,实现了对老年人"医""养"双方面的管理升级。

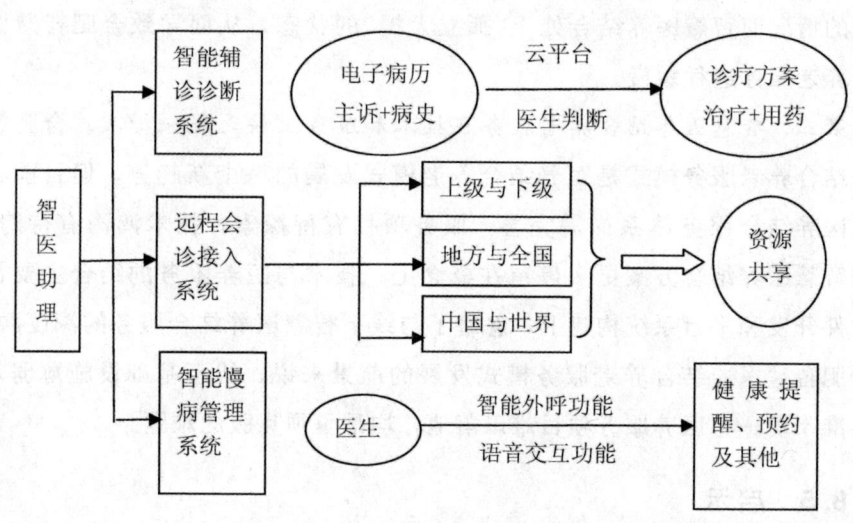

图 8-2 安徽省"智医助理"系统图

8.4.3 智慧医养结合养老服务模式存在的问题

第一,智慧医养结合养老服务模式认知度较低。老年人普遍更认同传统的居家养老模式,对新型智慧医养结合模式的接受程度较低。另外,社会上对智慧医养结合模式的宣传力度不够,导致大部分老年人不甚了解智慧医养结合养老模式。与此同时，医保统筹层次较低，报销的封顶线限制了老年人的就医范围，碎片化的医保制度阻碍了医疗资源和智慧医养结合服务模式的共享，因此，大多数老年人并不能享受符合自己预期的养老服务，高昂的养老费用使得老年人实现医养结合养老的愿望可望而不可即①。因此，智慧医养结合服务的收费标准与大部分老年人的消费水平还有待进一步科学匹配。

第二，智慧医养结合养老服务模式发展速度较缓慢。合肥智慧医养结合养老服务是一个系统工程，需要合肥市政府、当地社区、老人群体、医疗卫生机构、社会家政服务等多主体对接，其牵涉一系列体系、体制、机制的建立和完善②。目前，合肥市智慧医养结合市场潜力未充分发挥，企业与机构合作存在碎片化问题，政府和企业的参与更多只是表象，都制约着智慧医疗与智慧养老的深度融合。除此之外，各参与主体在参与智慧"医养结合"合作中必然产生利益冲突问题，这些都是制约合肥智慧医养结合服务发展的瓶颈性问题③。另外，合肥智慧医养结合养老服务医生队伍人数少、专业面窄、设备残缺的情况使智慧医养结合处于"孤立无援"的状态，从而导致合肥智慧医养结合养老服务进程缓慢。

第三，智慧医养结合养老服务在技术和服务上缺乏统一标准。合肥智慧医养结合养老服务模式是医养结合养老模式发展的一个新趋势，但目前合肥智慧医养结合服务体系尚需完善，服务项目有待探索，技术鸿沟有待跨越。合肥智慧医养结合方案更多停留在概念上，技术与医养服务的结合主要在线上软件开发和平台系统构建上，忽略了与线下智慧医养结合服务的深度融合。对合肥智慧医养结合养老服务模式发展的前景来说，线下基础设施薄弱，服务标准不统一，医养服务项目难以落地，均是亟须克服的难题。

8.5 启示

第一，上海社区嵌入式医养结合养老服务模式启示。首先，长三角区域

---

① 张博."互联网+"视域下智慧社区养老服务模式[J].当代经济管理，2019(6)：45-50.
② 雷雨若，王娟.地方政府购买居家养老服务中的监管失灵及其矫正——基于南京、宁波、广州、合肥和深圳的分析[J].济南大学学报(社会科学版)，2020(1)：145-156.
③ 宋格.合肥市城市社区失能老人医疗照护的现实困境与突破路径研究[J].中国公共卫生管理，2022(1)：80-83.

内各地要根据自身实际情况，总结实践经验。由政府主导制定切实可行的社区嵌入式医养结合养老服务规范建设试点方案，通过出台相关指导意见、管理办法和发展规划等政策法规，构建完善、合理的社区嵌入式医养结合养老服务政策体系。其次，运营嵌入式医养结合机构需要引进市场机制，同时还需逐步完善监督机制和社区嵌入式医养结合养老机构的评估机制和方法。然后，开放式经营社区嵌入式医养结合机构，既能满足社区内居家老人医养的需求，让入住养老机构的老年群体享受更优质的医养服务，也可以向周边社区辐射，为周边居家老人提供多元化、专业性的上门服务。最后，要充分挖掘家庭、社区、机构的优势，打通三者之间的壁垒，实现资源的共享。市场资源的参与不仅可以激活社区嵌入式医养结合养老服务新模式，还有助于营造尊老、敬老、爱老、助老的社会氛围。

第二，杭州辖区内"1＋1＋X"式医养结合养老模式启示。首先，应建立健全医养结合制度与工作机制。杭州市在推动医疗与养老深度融合的过程中，先后出台了《市委办公厅市政府办公厅关于印发杭州市养老服务业综合改革试点方案的通知》等10余个市级文件、《关于推进居家养老服务机构与基层医疗卫生机构签约合作的指导意见》等40余个部门级文件以及《养老需求评估办法》等6个地方性标准。具体到医养结合工作中，杭州成立医养结合专项攻坚小组，由杭州市卫生计生委主要负责人任组长，建立联席会议制度，加强民政、人社、财政、物价等各部门合作，从而推进医养结合工作顺利实施。另外，成立市卫生计生委健康老龄化领导小组，充分利用优势资源，明确职责分工，深化医养结合养老服务的政策研究，加强实践创新，推进医养深度融合。其次，应构建快捷高效的老年医疗保健服务体系。"1＋1＋X"式医养结合养老模式通过医养护签约，为老年人构建一套基层医疗机构诊治常见多发病，省市医院诊治疑难杂症，社区进行康复诊疗服务体系。最后，应构建多层次健康服务体系和无缝隙的康复护理体系。"1＋1＋X"式医养结合养老模式针对老人特点，精准施策，满足不同阶段老年群体需求，居家老人可享受家庭病床和上门巡诊居家医疗保健服务，无疾患的半失能和失能老人在护理型养老机构可以享受护理与养老服务，重病失能老人在医疗机构可以享受康复护理服务。"1+1+X"式医养结合养老模式将健康理念融入养老服务，强化医疗服务的支持，使老年人能够享受更便捷、高效的医养结合服务。

第三，南京市医养结合服务养老机构互嵌养老服务模式经验启示。首先，南京市推进医养结合6项政策举措，逐步形成"养老机构办医疗、医疗机构办养老、两类机构签协议"的医养结合养老服务机构互嵌养老服务模式，并实现了医保支付在医养结合型养老院的全覆盖。南京市医养结合养老服务机构互嵌养老服务模式还通过加强配套设施建设、完善综合功能，使医养结合养老服务机构互嵌养老服务模式的管理规范化、制度化，让老人享受便捷实惠、安全可靠、专业优质的医养结合服务。其次，南京市医养结合养老服务机构互嵌养老服务模式采取"区—街道—社区"三级联动模式，为老年人提供政策解读、资源链接等多样化的医养服务。南京市试点社区将医疗与基本公共卫生服务嵌入日间照料、上门照护等各类康养服务，实现社区自理、失能、半失能老人的医养结合养老服务的精准对接。最后，南京市医养结合养老服务机构互嵌养老服务模式发挥技术创新的引领作用。南京市医养结合养老服务机构互嵌养老服务模式科学运用大数据、"互联网+"、物联网等先进技术，提高了医养结合养老服务精准程度，打造了高效、安全的医养结合养老服务体系。

第四，合肥智慧医养结合养老服务模式经验启示。首先，合肥智慧医养结合养老服务通过转变内容，实现了理念内容与老年实际需求的双向匹配，逐步靠拢"智慧医疗+养老+平台"的三维服务体系，提升了医养结合服务的质量和效率。合肥智慧医养结合养老模式将"医养结合"理念与"智慧养老"和"智慧医疗"融合，更有利于满足老年群体对现代化智慧养老的需求。其次，应强调技术在智慧医养结合服务中的支撑性作用。合肥市依托科技资源优势，围绕"温度+精度"的服务目标，广泛应用互联网、物联网、云计算、大数据等信息技术及人工智能技术，对智能终端设备进行数据采集和处理，整合调动区域老年个体、家庭、机构和社会的医疗服务资源。另外，合肥智慧医养结合服务养老模式还应将技术运用于老年人的日常生活，融合了人性化的服务价值观。并且需要实现智慧社区、智慧城市以及社会医养结合的多向联动，实时更新老年人的健康信息档案,为老年人提供线上挂号、问诊以及线下的医养结合服务。最后,合肥智慧医养结合养老服务应提供"一站式"服务。培育居家社区智慧医养结合养老服务企业和社会组织,开展"家庭养老床位"试点,鼓励品牌化、连锁化运营,深度融合互联网与养老服务,构建"互联网+养老"区级综合养老服务平台。

9 借链：典型区域医养结合养老服务协同发展的经验参鉴

学习和借鉴京津冀地区的医养结合辐射型模式经验、川渝城市群医养结合服务协同发展实践经验以及粤港澳地区的医养结合内生型协同发展模式经验，不仅可以拓宽长三角区域医养结合养老服务链式发展方面的思路，还可以为中国医养结合养老服务的进一步完善和发展奠定良好的基础。

9.1 京津冀地区的医养结合辐射型协同发展模式

9.1.1 京津冀一体化助力区域养老协同发展

京津冀协同发展规划纲要于2015年出台，由国务院牵头推动政策落实，在区域内全方位开展协作活动。京津冀一体化是国家推动区域一体化发展战略的首次尝试，需要战略统筹和顶层设计助力。2014年国家正式组建京津冀一体化发展领导机构，下设位于国家发改委的办公室，这对京津冀的一体化发展至关重要，标志着这一战略提升至国家层面。京津冀地区人文相亲、地理相连，奠定了养老服务业协同发展的基础。考虑到河北省相对于北京和天津在机构服务成本和老人支付能力方面的差距，河北省的人力成本、土地价格和消费支出均较低，这有利于增加京津老龄人口选择在河北异地养老的意愿[1]。根据第七次人口普查数据，全国60岁及以上人口占比18.70%，北京、天津及河北的60岁以上人口占比分别为19.63%、21.66%和19.85%，均高

---

[1] 秦聪，张跃松. 京津冀协同发展背景下的在京老年人异地养老意愿研究[J]. 中国软科学，2020(8)：131-142.

于全国平均水平,且天津的老龄化程度超过 20%,老龄化较为严重。因此,开启京津冀三地区域协同养老迫在眉睫。

9.1.2 京津冀区域医养结合养老服务协同发展政策支持

为了解决京津冀三地养老服务供需矛盾突出的情况,2015 年京津冀民政厅(局)签订了《京津冀民政事业协同发展合作框架协议》。2016 年初,三地民政部门又签署了《京津冀养老工作协同发展合作协议(2016 年—2020 年)》。该协议提出京津冀需要合力打破区域异地养老壁垒,促进老年人身份、户籍多地互通,形成"一省两市"养老服务发展新格局。但伴随着一体化发展持续深化,京津冀三地人口老龄化趋势不断加剧,医养结合体制机制亟须建立[①]。在 2020 年举办的京津冀协同发展领导小组会议上明确提出要促进公共服务的共建共享,不断拉近区域内各地区在公共服务方面存在的差距,推动北京、天津优质医疗资源往河北拓展,实现广大群众共享一体化发展所带来的显著成果[②]。由此可见,政府层面的高度重视和大力推动,促使京津冀民政部门将医养结合服务一体化发展摆在重要位置上,积极推动各项措施落地,突出组织领导的重要地位。同时政府部门还大力推动常态化和制度化的一体化机制的构建,京津冀医养结合服务一体化发展取得显著成效。京津冀民政事业协同发展第 5 次联席会议在 2021 年召开,会上三地共同签署《民政事业协同发展三年行动计划(2021—2023 年)》(以下简称《行动计划》),深化区域养老服务联动程度。《行动计划》提出以完善京津冀养老服务联席会议制度为首要内容,加大力度建设一体化联动机制,强化三地在养老机构和设施建设、运营管理等方面的合作,在人才培养方面开展定期交流和培训。

9.1.3 京津冀区域医养结合养老服务协同发展实践

第一,引导养老服务业向北京周边城市辐射转移。在京津冀一体化发展的背景下,京津冀三地医养结合养老服务各有其发展定位。北京发挥其辐射带动作用,把非首都核心功能向外扩展,天津、河北则是依靠北京优质的医

---

① 刘亚娜,董琦圆,谭晓婷. 京津冀养老政策差异与协同——基于"十三五"老龄事业发展和养老体系建设规划的政策文本分析[J]. 社会发展研究,2019(3):189-202.
② 臧雷振,许乐,翟晓荣. 京津冀劳动政策的差异与协同[J]. 北京行政学院学报,2020(2):1-9.

疗和养老资源实现产业升级。2015年《京津冀民政事业协同发展合作框架协议》明确指出，应积极鼓励引导养老服务业向北京边缘的城市转移，共同推动养老服务业融合发展，发挥北京非首都功能，畅通京津冀合作渠道，缓解北京养老压力，释放北京的经济社会活力，给天津、河北的养老服务业带来新的发展契机[①]。例如河北燕达金色年华养护中心，在吸引北京优质医疗资源落地、分担北京养老压力方面迈出跨越性的一步，养护中心依靠政策便利，在办理异地医疗保险直接结算、享受养老机构补贴等方面，打破了以往公共服务政策只在一定区域内享受的限制，吸引了众多北京老年人入住。

第二，消除跨区域医养结合养老服务障碍。京津冀应保留并充分发挥各地区在医养结合养老服务方面的比较优势，实现医养结合养老服务领域的双向互动。北京困于土地资源紧张，无法建立更多的养老机构来解决日益增长的养老服务需求。但北京有巨大的养老市场，北京通过向津、冀注入优质的医疗和养老资源，大大改善了京津冀地区医疗与养老资源分布的梯度差，这对北京及周边相对发达地区的就医及养老压力产生了分流效应。天津、河北资金不足，医疗技术、服务水平不高，但在土地资源、生活成本、劳动力供给等方面具有优势，故有活力承接北京的养老服务，缓解北京的养老压力[②]。《京津冀养老工作协同发展合作协议（2016年—2020年）》规定，京津冀三地需打破区域医养结合服务壁垒，实现"一省两市"养老服务的发展新格局，促使老年人享受同户籍地一致的床位补贴、餐饮补贴等服务。北京市民政局联合市规划和自然资源委员会共同编制《北京市养老服务专项规划（2021年—2035年）》，提出京津冀养老机构应构建标准统一的管理模式，资质互认，监管协同，促进养老服务资源供需双向匹配，形成协作共享的基础信息平台和监管机制。

第三，实现养老服务方式智能化、便捷化。创新养老服务的智慧化发展，例如"北京通——养老助残卡"养老服务，将金融借记账户、社会优待、政策性补贴津贴发放等功能一体化。京津冀医养结合养老服务试点单位河北燕达

[①] 张丽莉. 跨域治理：京津冀社会管理协同发展的新趋势[J]. 河北学刊，2018（2）：163-168.
[②] 刘亚娜. 京津冀协同发展背景下养老模式整合与创新[J]. 中国行政管理，2017（7）：132-137.

金色年华健康养护中心成功实现"北京通——养老助残卡"远程刷卡支付,这一举措使得京津冀医养结合更加人性化、便捷化,给老人的出行和服务带来了便利。另外,在北京、天津、河北的十四五规划中介绍了养老产业规划,支持社会力量兴办养老机构,大力发展健康、养老等服务业,有效衔接就业、养老、社保等政策,完善区域公共服务共建共享体制机制,健全完善"互联网+养老",整合智慧养老资源,打造智慧养老服务新模式[①]。

9.2 川渝城市群医养结合服务协同发展实践

9.2.1 川渝城市群一体化发展推动区域合作

2003年,国家启动制定"十一五"规划,提出了长三角经济区、京津冀经济区和成渝经济区三大跨省市经济区的规划试点。2004年,四川省政府与重庆市政府签署的"1+6"战略合作协议被认为是推动川渝交流合作的重要引擎,推动了两省市共同发展。2011年,国务院批复《成渝经济区区域规划》(以下简称《规划》),确定了成渝经济区的五大战略定位和"双核五带"空间格局。经济区规划的区域面积为20.6万平方公里,涵盖重庆市31个区县、四川省15个市。《规划》要求重庆成都充分发挥引领区域发展的核心作用,打造带动成渝经济区发展的双引擎和对外开放的门户城市。2014年,国务院下发《关于依托黄金水道推动长江经济带发展的指导意见》,明确提出"促进成渝城市群一体化发展",要求"重点建设成渝主轴带和沿长江、成绵乐等次轴带"。2016年,国家发改委、住建部联合印发《成渝城市群发展规划》,提出构建"一轴两带、双核三区"的空间格局,重点建设成渝发展主轴,发挥重庆和成都的双核带动功能,带动沿长江和成绵乐城市带的发展,建设开放的城市群。2018年,两地签署了《深化川渝合作深入推动长江经济带发展行动计划(2018—2022年)》和12个专项合作协议,从推动区域创新能力提升、推动产业协作共兴等九个方面深化合作,努力把成渝城市群建成引领带动西部地区开放的核心增长极。2019年,双方又签署了《深化川渝合作推进成渝城市群一体化发展重点工作方

---

① 雷晓康,汪静.健康中国背景下的智慧健康养老:战略目标、体系构建与实现路径[J].西北大学学报(哲学社会科学版),2020(1):131-139.

案》等"2+16"系列合作协议（方案），纵深推进川渝全面合作，重点关注两省市基础设施、产业合作、开放平台等领域，建立横向联动、定期会商、运转高效的工作机制，强化两省市的沟通合作①。2020年1月，习近平总书记把成都和重庆放到更高的战略层面谋划和考量，提出"成渝地区双城经济圈"，并清晰地概括川渝地区未来发展的战略方位："尊重客观规律，发挥比较优势，推进成渝地区统筹发展，促进产业、人口及各类生产要素合理流动和高效集聚，强化重庆和成都的中心城市带动作用，使成渝地区成为具有全国影响力的重要经济中心、科技创新中心、改革开放新高地、高品质宜居地，助推西部乃至全国高质量发展"。此后，成渝深度合作发展进入新的阶段。

9.2.2 川渝城市群医养结合养老服务政策支持

四川省和重庆市先后签订了《川渝养老工作协同发展合作协议》《川渝民政合作框架协议》②等协议，并共同制定了《川渝养老工作协同发展合作协议2020年实施计划》，从省级层面来推动川渝养老服务一体化发展。紧接着，各市区级政府相关部门也签署了相关合作协议。如广安市民政局与重庆市渝北区民政局签署《渝北区广安市养老服务合作框架协议》，将在建立协作协商机制、共同培养人才、统一相关标准规范、推动区域异地养老、探索智慧养老等方面开展合作。重庆万州区、开州区以及四川的达州等地共同签订了养老服务协同发展的协议，基于三点各自特点深入研究探讨合作机制，搭建平台实现养老信息共享，整合养老医疗服务资源，建立医养结合服务交流沟通平台，切实改善医养结合服务供给与需求的效率③。四川巴中先后和重庆渝北、沙坪坝、潼南等地民政部门签订了养老服务合作的协议，其中指出要建立养

---

① 张鹏，杜云晗，叶胥.川渝两地县域经济创新发展的结构分析[J].中国人口·资源与环境，2021(11)：134-143.

② 《川渝民政合作框架协议》将协同推进川渝养老服务开放共享。养老服务合作主要包括如下内容：第一，政策协同。建立川渝养老服务协作协商机制，打造区域养老服务行业联合平台，政策上协同共享。第二，资源共享。"养老扶持政策跟着户籍老人走"，推进老年群体的区域异地养老，探索养老服务补贴异地结算制度，促进养老服务资源共享。第三，标准统一。建立统一的养老服务设施建设和管理服务标准，实现互认互通，区域内养老机构、企业或社会组织同等享受扶持政策。第四，智慧互联。探索"互联网+养老"，统筹推进成渝两地养老智慧服务体系建设，实现两地养老多层面开放共享。

③ 成欢，肖琴.人口老龄化背景下推进成渝城市群养老保障一体化建设的探讨[J].西华大学学报(哲学社会科学版)，2020(6)：10-21.

9 借链：典型区域医养结合养老服务协同发展的经验参鉴

老服务发展合作平台，运用好政府资源与社会力量，加强合作，扩大开放程度，突显气候、资源、环境、文化等方面的优势，实现各自的优势互补，大力推动医养结合服务一体化发展。四川眉山民政部门与重庆渝北、大足、铜梁、垫江等地民政部门共同达成了养老服务合作协议，重点强调要不断完善合作机制、强化平台载体的构建、推动养老服务资源共享以及定期合作交流制度建立，促进医养结合事业成为西部地区的领先者，同时发挥好示范引领作用，为推动医养结合服务高质量发展提供有益参考[①]。此外，开展川渝城市群的养老服务人才培育与技能评定工作，开展成立失能人员照护中心、养老服务评估中心、养老职业学院等重点工作[②]。为推动川渝养老机构之间的合作交流，四川养老服务中心与重庆第二社会福利院开展合作，形成常态化的交流沟通模式。重庆渝北与四川广安开展合作，共同培训两地敬老院院长、养老护理员共 900 名，并洽谈合作建设川渝高竹康养服务中心。重庆市第三社会福利院与成都市第二社会福利院等 12 家单位开展合作对接，签订合作协议。

近年来，在政府、企业和行业协会的牵头下，川渝两地围绕医养结合服务领域的重要内容多次举办博览会，召开会议与论坛，双方积极开展交流互动，并取得了显著的成果。"推进成渝地区双城经济圈建设成渝两地养老服务协会交流座谈会"于 2020 年 7 月在四川成都召开。座谈会上，与会双方就建立"三个平台"进行协商交流，分别为涉及养老资源共享、养老服务自律以及养老服务人才培育等方面的平台建设。此外，双方一致认为应继续定期举办老博会、健博会以及相关会议论坛，两地轮流主办并相互组织参与活动，为成渝两地民政部门签署合作协议积极建言献策。2020 年 10 月，在四川成都举办了中国（四川）养老服务业暨养老产业发展交流活动，活动围绕城乡医养结合服务创新、川渝医养结合服务一体化发展等重要事项进行了深入探究讨论，并开展了交流、对接等方面的具体活动。2020 年 11 月，在重庆举办了第十五

---

① 岣怡，刘克．"嵌入式协同"：一个跨域卫生资源合作治理的解释性框架——基于成渝地区双城经济圈的案例研究[J]．中国卫生政策研究，2022(10)：8-16．
② 陈元刚，王诗．成渝地区双城经济圈"互联网＋社区养老"模式构建探究[J]．西华师范大学学报（哲学社会科学版），2022(1)：65-73．

届中国(重庆)老年产业博览会和 2020 中国(重庆)大健康产业博览会,活动现场多个项目签约,涵盖了医养结合服务多个领域。另外,川渝两地民政部门密切配合,互通有无,通过公布政策投资清单等方式,为社会力量资源参与养老服务设施建设以及业务开展提供便利条件。并制定了《川渝两地养老机构设立备案办事指南》,深入推进养老机构备案,实现两地互认互通,为企业在两地参与普惠养老机构与居家、社区养老服务设施的建设提供政策支持[①]。

9.2.3 川渝城市群医养结合养老服务实践

第一,坚持一体化发展策略。首先,坚持养老服务政策一体化。川渝城市群医养结合养老服务协同发展的顺利推广得益于养老服务合作的政策支持,一体化的政策支持使得川渝协同发展更具可行性,也保证了养老服务的质量。其次,推进户籍政策一体化。打破身份和户籍壁垒,让"养老扶持政策跟着户籍老人走",破解不同区域老年人养老待遇差异性的难题,这对于不同区域之间养老合作是质的飞跃。再次,促进服务标准一体化。各个区域应形成共同认可的统一的服务规范和标准体系,例如养老机构的老年人护理标准、经营管理标准、人才培养标准等,使老年人能够享受高质量、高标准的服务。最后,要推动区域养老信息的整合。搭建一个统一的养老信息资源共享平台,有利于提升服务品质,便于有养老需求的老人及时、全面地获取养老服务信息,满足老年人多层次的养老需求。

第二,创新养老服务内容与管理方式。首先,需要创新养老服务模式。川渝城市群医养结合养老服务从原本单一的社会机构养老,扩展为医疗和养老相结合,是在居家养老服务的基础上,依托社区照料,机构养老作为辅助的一种综合性养老模式。其次,要扩大养老服务的供给主体。川渝城市群医养结合养老服务克服传统公立养老机构的缺陷,吸引社会资本,形成社会民营化、公私合作(PPP)等多元主体共同发展的模式。最后,要创新养老服务方式。川渝城市群医养结合养老服务可以充分利用大数据、云平台等现代信息技术,向智能化、数字化、现代化方向发展医养结合养老服务,实现智慧

---

① 董文杰,吕伟豪. 成渝地区双城经济圈基本公共服务共建共享财政保障机制探析[J]. 财政科学,2021(7):149-156.

养老的服务体验。

9.3 粤港澳地区的医养结合内生型协同发展模式

9.3.1 粤港澳地区协同驱动区域医养结合养老合作

香港、澳门特区政府在医养结合服务领域的职能一般限于宏观层面，如制定政策、落实制度和监察督促等，而在服务供给中发挥作用较大的是社会组织和市场主体。比如，香港医养结合服务业的发展呈现出政府、市场、社会组织三方合作的多元治理格局。在开展粤港澳地区医养结合服务的合作过程中，市场与社会力量逐步发挥主导作用，多数医养结合服务工作都是由社会组织直接运营的，以有效的合作机制为依托，建立高效互动的交流关系[①]。澳门社团组织利用其所提供的具有独特性的医养结合服务项目，为粤港澳地区医养结合服务发展提供了不可或缺的资源，所取得的效果得到了广泛关注和认可[②]。近些年，广东省广州市政府积极转变自身职能，在资源配置方面实施创新举措，坚持政府发挥主导作用、社会为主体、市场推进、全面广泛参与，发挥好市场机制的作用，创造更加公平公正的竞争环境，支持引导社会力量[③]参与粤港澳地区医养结合服务[④]。

9.3.2 粤港澳地区医养结合养老服务政策支持

《粤港澳大湾区发展规划纲要》于2019年初正式出台，为港澳地区居民在广东享受医养结合服务创造便捷的条件和机会，为港澳地区的投资方在珠三角9个城市开办养老机构提供政策支持。投资方可采取独资、合资以及合作的模式来开展投资，推动大湾区医养结合服务合作交流进一步深入，从国家

[①] 苏炜杰. 粤港澳大湾区养老服务业协同发展研究[J]. 港澳研究，2021(1)：56-73.

[②] 张树剑，黄卫平. 新区域主义理论下粤港澳大湾区公共品供给的协同治理路径[J]. 深圳大学学报(人文社会科学版)，2020(1)：42-49.

[③] 截止到2021年10月，社会力量资源所参与的医养结合服务供给方面，养老床位占全市的75%，家政养老服务占全市的95%，长者饭堂占全市的97.5%，居家养老服务综合体占全市的98%，社会力量转变为提供医养结合服务的主力军。同时，广州市政府不断推进社会化改革，出台养老机构公建民营工作指引，探索实施政府与社会力量合作的PPP、BOT和服务项目外包等模式，实施公建民营的区级公办养老机构占比达到50%，实施或筹备实施社会化改革的农村敬老院占比30%。

[④] 李琼，李松林，白杏，等. 粤港澳大湾区基本公共服务与经济发展耦合协调的时空特征[J]. 地理科学进展，2022(9)：1688-1701.

层面为大湾区在医养结合服务方面的一体化发展创造了有利条件[①]。广东民政部门在2021年时牵头制定了《养老服务"十四五"规划》，其中指出要大力推动大湾区的养老服务一体化发展，并且重申其和民办养老机构享有同样的政策待遇，为港澳地区的投资方以及相关人员赴广东参与养老机构的建设与运营提供良好环境。大湾区医养结合服务行业主要存在以下几种合作方式。首先是管理层面的合作，港澳地区的管理团队参与广东养老机构的建设运营与人才培育环节；其次是公建民营模式，就是由广东政府部门投资建设，并由港澳地区相关社会组织负责运营，充分发挥地理与政策方面的突出优势，引进港澳养老机构参与医养结合服务；再次是直接性的投资，鼓励居民个人通过独资、合资以及合作等方式支持港澳养老服务机构，在大湾区范围内开办养老机构；最后是政府之间的协议，在粤港和粤澳所达成合作框架协议的范围内，强化各地区的政府之间的沟通交流，进一步推进医养结合服务领域的合作与探索[②]。

9.3.3 粤港澳地区医养结合养老服务内生型协同发展实践

第一，鼓励社会资本参与。国家支持港澳投资者在大湾区兴办养老服务机构，实现多元主体共同建设养老机构，以有限的财政资金撬动无限的社会资本。其一是构建"政府＋市场＋社会"的投资主体架构，通过加强社会多元力量投入，发挥港澳非营利机构的优势，建立三地养老服务衔接机制，逐步拓宽社会组织和个人参与养老服务发展的途径。其二是完善政府间协同治理的层级结构，构建养老服务多元化供给机制，明确上下级之间的府际关系。其三是建立行业协同的平台框架，建立粤港澳养老服务机构互动协同的有效机制，构建跨区域养老产业合作中心，打造大湾区养老产业经济带。

第二，在模式上推进养老服务公私合作（PPP）模式。政府部门与相关部门签订合同进行合作，运用PPP模式开展医养结合养老服务项目供给。粤港澳地区医养结合养老服务通过PPP模式吸纳大量社会资金参与养老服务的供

---

① 孙久文，殷赏."双循环"新发展格局下粤港澳大湾区高质量发展的战略构想[J].广东社会科学，2022(4)：17-25.

② 肖棣文，廖了，王琳.理念认同与共生互赖：大湾区跨境公共服务中的合作治理[J].公共行政评论，2020(2)：142-159.

给领域，拓宽融资渠道，以有限的财政资金撬动无限的社会资本，优化供给结构，丰富服务种类，提高养老服务水平，同时，通过专业化的运作整合医养社会资源，实现区域医养结合养老服务规模效益。

9.4 典型区域医养结合养老服务发展的经验借鉴

9.4.1 医养结合养老服务模式层面经验借鉴

公共服务对于区域一体化的发展来说，是一个十分重要的因素，而医养结合服务也在公共服务中占有重要地位。国内区域的一体化发展程度和水平存在差异，导致区域一体化发展定位也不同。其中区域经济发展水平、区域养老文化以及区域老龄化程度等因素都会对医养结合服务一体化的发展产生影响，所以我国必然要对医养结合服务一体化的方式加以明确。我国应基于区域整体，按照区域一体化发展战略定位与发展重点明确医养结合服务协作方式，根据区域范围内的城市特征，在管理经验、医疗水平、金融融资、土地资源等方面找出各自的优势，实现优势资源的互补，并有效运用好大数据、云平台等先进技术，推进区域医养结合养老服务的一体化发展更加智能化，推动智慧养老发展，提高养老服务的体验水平。

9.4.2 医养结合养老服务政策层面经验借鉴

不同区域的医养结合服务发展规划应该在更高一级政府的规划指导下统一制定完成，实现各地医养结合规划一体化目标，不能机械寻求各地规划的相同部分并将其简单相加，而是应该站在区域整体角度通盘考虑。还要强调规划的一体化不仅意味着区域内不同省市的一体化，还应包括在一个省域或市域范围内不同城市、区县的统一规划。具体体现在"三个明确"：其一是要对医养结合政策以及医养结合服务的职能责任加以明确，加速推进区域医养结合服务体系建设方面的具体事项。其二是明晰医养结合事业的硬性任务。在推进区域医养结合养老服务过程中，明确医养结合事业的指标性任务，通过设置阶段性发展目标、制定日常工作计划书等开展工作。其三是对老年群体的需求加以明确，以此为基础推动区域医养结合养老服务规划编制和立法研究，完善区域医养结合养老服务发展的体制机制。

9.4.3 医养结合养老服务执行层面经验借鉴

医养结合养老服务执行层面经验具体体现三个方面：其一是推动区域户籍制度的一体化。区域医养结合养老服务往往受户籍制度的深刻影响，故需要突破户籍制度的障碍，切实解决异地养老过程中所存在的差异问题。其二是推动医养结合养老服务的区域标准一体化。在医养结合养老服务供给、人才队伍建设时，需要构建具有统一性、规范化的服务标准以及统一监管机制，确保老年群体能够享有更加优质高效的服务。其三是推动医养结合养老信息数据的区域一体化。建立养老服务信息资源的区域统一平台，让老年群体可以更加方便快速准确地了解优质养老资源，更好满足老年群体在照护、文娱、教育等多方面的需求。

9.4.4 医养结合养老服务市场层面经验借鉴

提高区域内医养结合养老服务的供给水平，核心就在于要扩大养老市场的开放度，通过优化准入条件、简化审批环节等办法，吸引更多的优质企业进入医养结合养老服务领域。要充分发挥市场手段，通过连锁式经营推动养老资源跨区域流动和组合配置。各分支连锁式经营要切实遵循制度标准、规范要求来从事经营活动，在生活照护、医疗护理、餐饮、设施等方面做到标准规范统一。在符合条件以及自愿原则下，服务机构可以采取轮替交换的方式对入住连锁机构的老年人进行调配，让入住老年群体在异地机构间享受异地养老的亲切氛围。连锁式经营可以采用PPP模式，PPP模式的最大优势在于拓展资金来源、分摊行为风险，对社会资本能产生较好的吸收作用，发挥政府与社会力量的综合优势，实现经济与社会效益双赢。总之，培育连锁化养老机构是满足异地养老服务需求、实现资源最优配置的必然选择。

10 强链：长三角区域医养结合养老服务链式发展推动路径

通过对长三角区域医养结合养老服务链式发展的现状进行分析，并对长三角区域医养结合养老服务链联动发展进行实证分析，笔者发现长三角区域医养结合养老服务的链式发展还需进一步优化，具体推动路径如下。

10.1 长三角区域医养结合链式发展需要健全区域协调合作机制

第一，建立跨区域协同治理机制。首先是完善顶层设计，长三角区域各地政府应尽快出台医养结合的专项政策法规。在此基础上，建立省、市、县的政策支持体系和长三角区域统一的政策支持体系，明确指导思想和发展定位，使医养结合链式发展成为地方和区域民生事业发展规划的重点。其次是各地区部门之间要建立协同治理机制。一方面，财政部门做好资金预算、划拨等工作，建立医养结合发展专项基金，保障机构内各类基础设施完备；人社部门从人才引进、培养和分配方面配合其他部门；卫生部门制定房屋建设标准、医疗设施配备标准、医护人员执业许可要求等。另一方面，长三角区域政府部门之间需要加强沟通协调形成工作合力，共同构建协同治理体系，提高行政效率，保证各种激励与扶持性政策落到实处，为医养结合的融合发展创造良好的外部环境支持。然后是长三角区域之间要建立统一的协同治理机制。三省一市政府和相关部门应加强合作与横向联系，通过成立长三角区域养老服务协同治理机构等部门，协调区域间养老服务，打破区域之间行政体制壁垒，构建长三角区域医养结合养老链式发展的协同治理格局①。最后是可以考虑建立长三角区域医养结合养老服务统一服务机构。长三角区域要实现医养结合养老服务链式发展亟须成立统一服务机构，该服务机构从行政级别上属于长三角各个省市养老管理机构的上级，对长三角各省市养老服务管理机构具有监督作用，同时该服务机构的工作是养老管理、养老研究，并和三省一市的养老服务分支机构相互联系、相互合作。三省一市各分支服务机构将各自省市的养老数据、医养供给需求情况、医养结合存在的问题等及时反馈、报备给统一的长三角医养结合养老服务机构，由该机构对长三角地区的数据进行整理、核对，并针对问题制定应对措施，向下级服务机构发出指令，并及时发布数据和信息，让民众得以了解。

第二，健全区域间资金筹集体系。首先是制定、完善和落实资金筹集的政策体系，从制度上做好保障性措施，确保长三角区域医养结合链式发展有充足且持续的资金供应。其次是增加筹资渠道。政府发挥引导和带领作用，增加公办医养结合机构的资金投入。卫生、民政部门建立专项基金，引导企业、慈善组织、公益团体等社会性力量参与，降低服务供给成本，增加养老服务有效需求。最后是构建区域间统一的资金筹集体制。通过促进长三角区域养老服务市场资金流动，引进发达地区企业、社会组织或公益团体投资医养结合机构，提高相对落后地区养老服务的质量，为区域内老年群体提供高质量的医养结合养老服务，推动长三角区域医养结合养老服务链式发展。

第三，建立区域人才培养合作机制。首先是提高医养结合人才培养支持力度。长三角区域三省一市应该出台政策法规，鼓励地方院校设立老年护理等专业，完善老年护理等学科体系，加大资金投入力度，加快培养老年护理专业人才。引导养老机构、院校和社区建立人才输送机制，为医养结合养

---

① 一是在推进养老资源整合的过程中，依托长三角区域养老协会联合体，定期商议和协调区域养老产业发展方向与策略，统筹协调重点项目建设和重大改革创新举措。二是政府部门要定期公开发布养老产业的相关情况，解决养老产业的信息不对称问题，为养老服务需求方和投资主体提供信息指导。三是政府部门在推进跨区域养老时应尽可能地将部分职能下放给市场或社会。对于承接养老服务的机构，政府要实施监管、加大整治力度，维护老年群体的切身利益。四是对提供优质养老服务的机构，政府要给予高额补贴，鼓励其办好养老服务，提高养老服务水平。对于最终确定在异地养老的老年群体，政府部门要完善相应的补贴机制，用实实在在的降费让利措施增强老年群体跨区域养老的信心，降低异地生活的成本。

服务机构提供专业人才。其次是建立区域间医养结合养老服务人才培养合作机制，与发达地区优质培训资源进行合作来弥补区域间培训资源不均衡的现象，并与区域内院校和机构合作交流，强化医养结合型人才的培养力度，提高人才服务水平。最后是制定区域间统一的人才培养政策。一方面，长三角区域对老年护理专业学生的学费减免、奖金补贴进行统一，缩小区域间养老服务人才的薪酬和福利待遇、绩效奖励和购房补贴等的差距，降低人才流失率。另一方面，建立区域统一的工资标准和职位晋升制度，使各地区医务人员职称评定和继续教育培训的机会相同。

10.2 长三角区域医养结合链式发展需要统一区域服务标准

第一，建立区域统一的医养结合养老服务设施和内容的标准。长三角区域政府和相关职能部门应加强统筹和规划，制定专门法规，引导规范地区间医养结合养老服务机构的服务标准。一方面，长三角区域内大型公立医养结合机构服务可以设定以医为主，与邻近护理院或养老院合作实现双向转诊，为老年人提供养老与医疗双重服务。小型民营医养结合机构可与邻近医院合作建立转诊制度，为老年人提供高质量医疗服务。社区卫生中心采取植入式或嵌入式的服务方式，将综合性医院的优质医疗资源输送到医养结合机构和社区卫生中心。另一方面，通过建立区域养老服务内容和设施的统一标准，引进相对领先地区的养老服务设施，与连锁型医养结合机构合作，以开设分院的形式改善本地区养老服务水平，推动长三角区域之间养老服务设施和养老服务内容相统一，促进医养结合养老服务市场要素合理流动。

第二，建立区域统一的服务人员资格认定机制。在长三角区域医养结合机构运行过程中，不仅需要完善的区域合作机制，也要建立区域统一的资格认定和老年照护标准。长三角区域合作城市的政府部门应出台相关政策，对区域内养老服务人员资格认定标准提供政策保障，引导区域内养老机构制定统一的服务人员从业标准，加强区域内医养结合机构的合作与联系，促进区域内养老机构服务人员流动，使各地区养老服务人才达到平衡，更好地为本地区老年群体提供医养结合服务。

第三，完善长三角区域服务质量标准体系。要提升长三角区域的医养结合服务质量,首先要深入开展长三角区域医养结合养老服务机构服务质量建设活动。长三角区域政府要对医养结合机构的安全管理、人员素质、经营管理等进行监管,出台提升医养结合机构养老服务质量的相关文件,切实提高各地医养结合养老服务水平。其次是在建设与服务标准方面要对医养结合机构进行不断的规范。长三角区域各省市在设施管理、设施建设、服务满意度等各方面都统一了标准和规范,以保障长三角区域医养结合服务链式高质量发展。最后是注重长三角区域医养结合养老服务中的中医药服务内容。《关于促进医疗卫生与养老服务结合的指导意见》明确提出,在医养结合服务的发展过程中,要鼓励医疗卫生机构为老年人提供中医药保健服务,注重中医药在医养结合中的多种效用,如康复治疗、疾病预防、发展中医非药物疗法等,鼓励中医医院与养老机构开展合作,提供具有中医特色的康复服务。

第四,建立跨区域统一的老年照护标准。为建立长三角区域统一的老年照护标准,长三角区域各地政府需加强政策保障,主管部门相互协作,对区域养老机构老年照护标准的执行进行全方位的监督和检查,严格监督医养结合机构的服务过程,提高服务质量,使政策有效落实。通过建立区域统一的老年照护标准,保障区域内老年人的养老服务权益,满足老年人的养老服务需求,促进服务方式多样化,同时让更多老年人愿意选择异地养老,使更多长三角区域以外的老人能够通过异地养老的方式享受养老服务,从而丰富老年人的养老选择。

10.3 长三角区域医养结合链式发展需要加快发展长期护理保险制度

第一,健全长期护理保险政策体系。长三角区域应尽快出台长期护理保险专项法规,使长期护理保险有法可依。对长期护理保险的主管部门、筹资机制、服务对象、待遇支付等制定统一的标准,为长三角区域各地长期护理保险的实施提供指导。同时,需要构建长期护理保险的监督和评估体系。在已实施长期护理保险试点城市探索经验的基础上,建立区域或全国统一的监督和评估体系,以政府为主导,主管部门相互协同,对长期护理保险实施过程加强监督和检查,根据老人失能程度、护理需求和护理项目制定评估标准和费用结算标准。

第二，构建长期护理保险的区域协同发展机制。长三角各地区对长期护理保险要制定统一的服务内容、筹资机制、待遇标准、管理体制等，促进区域间长期护理保险服务的协调发展。如：上海市长期护理保险发展质量较好，医疗资源丰富，但房价和人力成本较高、土地供应不足，而安徽省长期护理保险发展速度缓慢，养老与医疗服务供给不足，房价较低，人力资源和土地供应丰富，因此二者可以通过签约、定点扶持、招商引资的方式，由上海市大型连锁的护理服务机构延伸至安徽省各城市，依托安徽省人力、土地、住房等资源，为安徽省老年人提供长期护理服务，促进长三角区域内长期护理保险的协调发展。

第三，加强长期护理保险区域间的整合，促进长期护理保险区域间有效衔接。首先是明确实施主体和服务覆盖面。实施长期护理保险，应以政府为主导，联合多个主管部门，鼓励社会力量参与，家庭和个人共同监督，合力促进长期护理保险稳健发展。长期护理保险的主体对象应覆盖全体老年人，重点关注失能失智、残疾瘫痪、生活无法自理等需要长期照护的老年群体。其次是加快发展长期护理保险异地结算制度，打通长三角区域长期护理保险异地结算路径，使异地养老和就医的老年人实现参保，减轻老人护理费用高的负担。最后是制定统一的筹资机制和待遇支付标准。长期护理保险是社会保险体系的重要组成部分，资金筹集应遵循责任分担和互助共济的原则，在政府、企业或单位、个人共同承担筹资责任的基础上，通过社会账户医保统筹基金划转、转移个人账户的医保基金、吸纳社会资金等方式，构建区域统一的多元化筹资渠道，保证资金来源的稳定。与此同时，可以总结试点城市的经验，建立长三角区域统一的支付标准，根据老人接受护理服务的等级制定费用支付等级，这既有利于长期护理保险基金的使用透明化，也保证了老年人的权益和长期护理保险制度的公平。

10.4 长三角区域医养结合链式发展需要推进信息化建设

第一，加强健康管理服务信息化建设。为促进长三角区域医养结合健康管理信息服务平稳发展，当地医养机构应充分利用互联网、大数据等技术，使医养结合机构、老年群体和长三角区域内主管部门等建立双向联系,构建统一的健康管理信息服务平台,建立老年人的电子健康档案,记录区域内老年人的个人基本信息、病情状况、医疗和养老服务信息等。同时也可以根据老人病情、生活自理能力或失能程度,实行动态监督和检查,保证健康档案信息及时更新,确保电子健康档案信息有效和连续,动态管理老年人的身体健康状况。同时,信息化的健康档案使医疗机构、区域内相关管理部门、家庭能快速了解老人身体状况,使医务人员能够及时、准确地为老年人提供健康评估,精确定位老年人的医疗或养老服务需求,并为老人提供集医疗、保健、康复、健康管理于一体的综合服务。

第二,建立区域一体化信息共享平台。一方面,要构建长三角区域医养结合服务信息共享平台。引导各地医养结合机构、企业、医院、主管部门的信息平台相对接,将区域内老年人的基本信息、养老与医疗服务需求纳入平台,对健康养老服务实行动态管理。区域一体化的信息共享平台有助于打破长三角区域之间的信息屏障,整合区域医养服务资源,实现资源的最大化使用。与此同时,跨地区信息共享能帮助老年人异地养老和就医,解决区域之间医疗资源和养老服务不平衡的问题。另一方面,要鼓励长三角区域各方力量协同,推进信息平台建设。为促进长三角医养结合信息平台一体化建设,省、市、县政府必须加强支持力度,汇集各方社会力量,鼓励大型综合性的医养结合养老服务机构开展连锁化的跨区域医养结合养老服务,有效推动区域信息平台的一体化发展。

第三,加快发展区域智慧医养结合养老服务。首先是完善智慧医养结合养老服务的政策体系。制定长三角区域统一的智慧医养结合养老服务管理标准与发展规划,明确智慧医养结合养老服务的主管部门,加强主管部门的协作与联系,为智慧医养结合养老服务的发展提供支持。其次是提高智慧医养结合养老服务的可操作性,满足老年人对智慧医养结合养老服务和产品的需求,以有效降低智慧医养结合养老服务的供给成本,提高老年人的有效需求和对智慧养老服务的认可度。最后是加快智慧化信息平台的发展。长三角各区域在建立本区域统一医养结合信息平台的基础上,应尽快整合区域内的医养结合机构、社区卫生中心和主管部门的信息平台,形成长三角区域统一的智慧医养结合养老信息平台，汇集长三角区域老年群体的健康服务信息，并通过整合养老、医疗、护理等服务资源，为老年人提供快捷的医养结合养老服务。

10.5 长三角区域医养结合链式发展需要构建共享机制

要实现各省市与周边区域的合作共赢，必须改变原来松散的、不明确的协同发展机制以适应区域长远的发展需要。自2010年国务院正式批准实施长三角区域一体化战略以来，三省一市的民生发展便一直密不可分，科技创新与人工智能的发展，也为长三角医养结合的发展提供了技术上的支持。"区域携手，共同发展"的口号，应贯彻医养结合养老模式的整体推动进程。从区域顶层设计上来看，区域内政府应依托跨省管理系统和长三角政务服务平台，倾力打造"跨区域一体化"，实现协作共治，具体需做到：

第一，构建区域医保一体化。通过立体智慧化的区域协作网络，简化医保报销资质审查和医保异地结算流程，打破医保报销壁垒，实现区域医保"一卡通"。除了目前正在试点的41个城市外，增加异地就医、住院等医疗费用可以用医保跨省直接结算的城市数量，让更多的异地就诊项目纳入医保报销范围之内，让老人少奔波，自由享受长三角区域内高质量的医疗资源，解决过去由于异地就诊费用高昂而出现的就诊困境，实现区域内医疗资源公平共享。

第二，建立区域责任共识。区域协同发展能够缓解传统碎片化的养老管理模式的问题，但也会引发利益冲突、责任不明的问题。因此，长三角三省一市的各级政府要从制度上科学划分各自在医养结合养老服务模式推行中应承担的责任，充分利用地域优势，扬长避短，以区域一体化为目标，多地共同形成健康医养的局面。在管理成本与利益分配方面，要达成共识，公平公开公正，依据实际情况，共同补偿亏损方，在产出成果方面共享利益，避免因短期利益消耗长期的和谐协作关系。

第三，加强区域服务监管。一方面，由长三角各省市卫生部门牵头，联合民政、社保等其他多个部门，协作配合，携手共建长三角区域医养结合养老服务的监管制度，对医养结合服务项目质量的检查力度加大，对医养结合养老服务人员的考核更加严格，对医养结合相关医药、器材、资金等资源的合理使用进行把控。另一方面，长三角三省一市可成立专门的医养结合综合管理部门，明确部门人员责任并分配各层级具体任务，将区域内的先进技术与资源充分调动，运用于医养结合养老服务的进一步开发。在此过程中，要把相关的规章制度与法律法规落实到位，做到有责必履，失责必问，问责必严，最终真正实现跨区域医养结合协同并进。

后 记

早在2019年11月的第二届长三角民政论坛上，上海、江苏、浙江、安徽民政部门共同决定，将"养老服务合作"纳入各自"十四五"民政事业发展规划，健全养老服务规划制定的协同机制，逐步实现长三角养老服务供需资源有效对接等，进一步推动长三角区域养老一体化发展，这就激发了本书写作的源动力。

非常感谢安徽高校人文社会科学研究重大项目（SK2021ZD0033）；2021年省属高校领军骨干人才团队项目（DT2100003061）；安徽省高校优秀人才支持计划项目（gxyq2021056）；四川省哲社重点研究基地区域公共管理信息化研究中心重点项目（QGXH22—01）；国家一流本科专业"行政管理"建设点（教高厅函[2021]7号）；省一流本科专业"劳动与社会保障"建设点（教高厅函[2022]14号）；教育部首批新新文科研究和改革实践项目（2021100050）；安徽高校人文社会科学研究重大项目（2022AH040308）等项目的资助，使这本书得以完成出版。

行文至此，笔者衷心地感谢为书稿提供参考材料和修改建议的师生，他们是张瑜、高晶、陈思思、方雪涵、霍永飞、陈涛、陈永妍、汪雅萍、史纪宏、胡文超、黄晓倩、李申奥、崔晓炎、胡文超、周素文。

笔者深知自己才疏学浅，知识水平有限，理论功底不够，文中也有诸多不足之处，请指正。

杨 哲

2022年12月9日

参 考 文 献

一、英文文献

[1]A Naomi, T Shiroiwa, T Fukuda, S Murashima. Institutional care versus home care for the elderly in a rural area: cost comparison in rural Japan [J]. Rural and Remote Health, 2012, 12(3): 1-12.

[2]Aguiar R S, da Silva H S. Quality of health care for the elderly in primary care: an integrative review[J]. Enfermería Global, 2022, 21(1): 576-589.

[3]Ai J, Feng J, Yu Y. Elderly Care Provision and the Impact on Caregiver Health in China [J]. China & World Economy, 2022, 30(5): 206-226.

[4]Andersson K, Johansson S. Assessing individual needs in Swedish elderly home care services: care managers' argumentation in relation to the needs of migrant customers[J]. Nordic Social Work Research, 2021, 11(4): 293-305.

[5]Baranwal A, Mishra S. Understanding the importance of day care centres for elderly in Mumbai[J]. Asian Journal of Research in Social Sciences and Humanities, 2021, 11(4): 15-22.

[6]Boesveld Inge C, Valentijn Pim P, Hitzert Marit, Hermus Marieke A A, Franx Arie, de Vries Raymond G, Wiegers Therese A, Bruijnzeels Marc A. An Approach to measuring Integrated Care within a Maternity Care System: Experiences from the Maternity Care Network Study and the Dutch Birth Centre Study[J]. International journal of integrated care, 2017, 17(2).

[7]Bowdoin Jennifer J, Rodriguez-Monguio Rosa, Puleo Elaine, Keller David, Roche Joan.

参考文献

The patient-centered medical home model: healthcare services utilization and cost for non-elderly adults with mental illness[J]. Journal of mental health,2017,27(6).

[8]Bratt C,Gautun H. Should I stay or should I go? Nurses' wishes to leave nursing homes and home nursing[J]. Journal of nursing management,2018,26(8):1074-1082.

[9]Breit E,Salomon R. Making the technological transition – citizens' encounters with digital pension services[J]. Social Policy & Administration,2015,49(3):299-315.

[10]Castillo Riascos Lina Lorena. Family Medicine, a pathway to integration of health care [J]. Salud Uninorte,2017,33(1).

[11]Chen J,Zhou X,Lu N. Providing instrumental support to older parents of multi-child families in China: are there different within-family patterns? [J]. Ageing & Society,2021,41(8):1770-1787.

[12]Chen L,Zhang X,Xu X. Health insurance and long-term care services for the disabled elderly in China: based on CHARLS data[J]. Risk management and healthcare policy,2020,13:155.

[13]Cheng L,Yang M,De Vos J,et al. Examining geographical accessibility to multi-tier hospital care services for the elderly: A focus on spatial equity[J]. Journal of Transport & Health,2020,19:100926.

[14]Cheng, W. Study on the Development Approach of Combining Medical Care with Nursing Care in Rural Areas-Based on the Case of Warm Apartment for the Elderly in S City, A Province[J]. Frontiers in Humanities and Social Sciences,2021,1(6),13-19.

[15]Chertow M,Ehrenfeld J. Organizing self-organizing systems: Toward a theory of industrial symbiosis[J]. Journal of industrial ecology,2012,16(1):13-27.

[16]Corning P A. Systems theory and the role of synergy in the evolution of living systems [J]. Systems Research and Behavioral Science,2014,31(2):181-196.

[17]Coughlin J F,Pope J E,Leedle Jr B R. Old age, new technology, and future innovations in disease management and home health care[J]. Home Health Care Management & Practice,2006,18(3):196-207.

[18]Cruz Saco M A,Gil M. The pension system in Peru: Parallels and intersections[J]. International Journal of Social Welfare,2021,30(3):316-329.

[19]Dan R,Fang L. Research on the Evaluation of Elderly Care Service Supply Capability from the Perspective of Welfare Pluralism[J]. Tobacco Regulatory Science,2021,7

(6): 5523-5540.

[20] De Blok C, Meijboom B, Luijkx K, et al. Demand-based provision of housing, welfare and care services to elderly clients: from policy to daily practice through operations management[J]. Health Care Analysis, 2009, 17(1): 68-84.

[21] Du N, Wu P, Yuan M, et al. Performance evaluation of combining with medical and old-age care in pension institutions of China: a two-stage data envelopment analysis[J]. Risk Management and Healthcare Policy, 2021, 14: 4211.

[22] Fluck Z, Lynch A W. Why do firms merge and then divest? A theory of financial synergy[J]. The journal of business, 1999, 72(3): 319-346.

[23] Freeman R E, Phillips R, Sisodia R. Tensions in stakeholder theory[J]. Business & Society, 2020, 59(2): 213-231.

[24] Gao C, Xu J, Liu Y, et al. Nutrition policy and healthy China 2030 building[J]. European Journal of Clinical Nutrition, 2021, 75(2): 238-246.

[25] Gu T, Yuan J, Li L, et al. Demand for community-based care services and its influencing factors among the elderly in affordable housing communities: a case study in Nanjing City[J]. BMC health services research, 2020, 20(1): 1-13.

[26] Guida C, Carpentieri G. Quality of life in the urban environment and primary health services for the elderly during the Covid-19 pandemic: An application to the city of Milan (Italy)[J]. Cities, 2021, 110: 103038.

[27] Guido G, Mileti A. Health choices and risk perception in elderly consumers: a systematic review[J]. Health Marketing Quarterly, 2022, 39(3): 230-248.

[28] Gupta A K. Innovation dimensions and firm performance synergy in the emerging market: a perspective from dynamic capability theory & signaling theory [J]. Technology in Society, 2021, 64: 101512.

[29] Harris A, Sharma A. Estimating the future health and aged care expenditure in Australia with changes in morbidity[J]. PloS one, 2018, 13(8): e0201697.

[30] Hrudey I, Minow A, Walter S, et al. Regional Utilization of Preventive Services in the 55-Plus Age Group: Protocol for a Mixed Methods Study [J]. JMIR Research Protocols, 2022, 11(1): e33512.

[31] Hu B. Projecting future demand for informal care among older people in China: the road towards a sustainable long-term care system[J]. Health Economics, Policy and Law,

2019, 14(1): 61-81.

[32] Hu J, Zhang Y, Wang L, et al. An Evaluation Index System of Basic Elderly Care Services Based on the Perspective of Accessibility [J]. International Journal of Environmental Research and Public Health, 2022, 19(7): 4256.

[33] Jaspers S, Steen T. Realizing public values: Enhancement or obstruction? Exploring value tensions and coping strategies in the co-production of social care [J]. Public Management Review, 2019, 21(4): 606-627.

[34] JC Hansen. Community and in-home models [J]. American Journal of Nursing, 2008, 108(9 Suppl): 69-72.

[35] Jerusalem V. Development Status and Countermeasures of Private Elderly Care Institutions-A Case Study in Northeast, China[J]. International Journal of Management and Education in Human Development, 2022, 2(02): 392-399.

[36] Jia Z. Wireless Charging Control Strategy of a Study on the Multi-Center Supply Old-Age Care System in Urban Communities [J]. Forest Chemicals Review, 2022: 1121-1130.

[37] LA Merethanke. Effects of the Program of All-Inclusive Care for the Elderly on Hospital Use [J]. The Gerontologist, 2011, 51(6): 774-785.

[38] Lee J Y, Song Y A, Jung J Y, et al. Nurses' needs for care robots in integrated nursing care services[J]. Journal of Advanced Nursing, 2018, 74(9): 2094-2105.

[39] Leidner D E. Review and theory symbiosis: An introspective retrospective[J]. Journal of the Association for Information Systems, 2018, 19(6): 1.

[40] Li H, Huang J, Liu J. External Support for Elderly Care Social Enterprises in China: A Government-Society-Family Framework of Analysis [J]. International Journal of Environmental Research and Public Health, 2022, 19(14): 8244.

[41] Lu J, He T, Wei G, et al. Cumulative prospect theory: performance evaluation of government purchases of home-based elderly-care services using the Pythagorean 2-tuple linguistic TODIM method [J]. International Journal of Environmental Research and Public Health, 2020, 17(6): 1939.

[42] Luo J, Meng L. Research on Adoption Behavior and Influencing Factors of Intelligent Pension Services for Elderly in Shanghai[J]. Frontiers in Genetics, 2022, 13.

[43] Lupu D, Quigley L, Mehfoud N, et al. The growing demand for hospice and palliative

medicine physicians: will the supply keep up?[J]. Journal of pain and symptom management, 2018, 55(4): 1216-1223.

[44]Madhav M S, Cowan N J. The synergy between neuroscience and control theory: the nervous system as inspiration for hard control challenges[J]. Annual Review of Control, Robotics, and Autonomous Systems, 2020, 3(1): 243-267.

[45]Matthew J. DePuccio, Yasar A. Ozcan. Exploring efficiency differences between medical home and non-medical home hospitals[J]. International Journal of Healthcare Management, 2017, 10(3).

[46]Michel Tousignant. Integrating services for older people: a resource book for managers[J]. International Journal of Integrated Care, 2005, 5(2).

[47]Mie Morikawa. Towards community-based integrated care: trends and issues in Japan's long-term care policy[J]. International Journal of Integrated Care, 2014, 14(1): 1-10.

[48]Naidoo K, Van Wyk J. What the elderly experience and expect from primary care services in KwaZulu-Natal, South Africa[J]. African Journal of Primary Health Care & Family Medicine, 2019, 11(1): 1-6.

[49]Pakpahan, E., Hoffmann, R., & Kröger, H. The long arm of childhood circumstances on health in old age: Evidence from SHARELIFE[J]. Advances in Life Course Research, 2017, 31, 1-10.

[50]Pega F, Pabayo R, Benny C, et al. Unconditional cash transfers for reducing poverty and vulnerabilities: effect on use of health services and health outcomes in low‐and middle‐income countries[J]. Cochrane Database of Systematic Reviews, 2022(3).

[51]Pekkarinen S, Melkas H. Welfare state transition in the making: Focus on the niche-regime interaction in Finnish elderly care services[J]. Technological Forecasting and Social Change, 2019, 145: 240-253.

[52]Qi X. Ageing in Contemporary China: The Ziran Approach[J]. Journal of Gender Studies, 2021, 30(5): 584-595.

[53]Qiong W. Demands and determinants of community home-based care services for urban elderly: based on the 2010 National Elderly Survey in China[J]. Population Research, 2016, 40(1): 98.

[54]Ren J, Ding D, Wu Q, et al. Financial affordability, health insurance, and use of health care services by the elderly: findings from the China health and retirement

longitudinal study[J]. Asia Pacific Journal of Public Health, 2019, 31(6): 510-521.

[55] Rosén, P., Anell, A., Hjortsberg, C. Patient views on choice and participation in primary health care[J]. Health policy, 2001, 55(2), 121-128.

[56] Salmela-Aro K, Upadyaya K. Role of demands-resources in work engagement and burnout in different career stages[J]. Journal of Vocational Behavior, 2018, 108: 190-200.

[57] Schenker M, Costa D H. Advances and challenges of health care of the elderly population with chronic diseases in Primary Health Care[J]. Ciencia & saude coletiva, 2019, 24: 1369-1380.

[58] Shi J, Chen N, Liu N, et al. Options for care of elderly inpatients with chronic diseases: analysis of distribution and factors influencing use of care in Shanghai, China[J]. Frontiers in Public Health, 2021, 9: 216.

[59] Shi L. Health care in China: a rural-urban comparison after the socioeconomic reforms [J]. Bulletin of the World Health Organization, 1993, 71(6): 723.

[60] Sierka M. Synergy between theory and experiment in structure resolution of low-dimensional oxides[J]. Progress in Surface Science, 2010, 85(9-12): 398-434.

[61] Spijker J, Devolder D, Zueras P. The impact of demographic change in the balance between formal and informal old-age care in Spain. Results from a mixed microsimulation - agent-based model[J]. Ageing & Society, 2022, 42(3): 588-613.

[62] Sugawara S, Nakamura J. Can formal elderly care stimulate female labor supply? The Japanese experience[J]. Journal of the Japanese and International Economies, 2014, 34: 98-115.

[63] Sun Q, Lu N, Jiang N, et al. Intention to use respite services among informal caregivers of frail older adults in China: the role of care needs change[J]. Ageing & Society, 2021, 41(1): 101-120.

[64] Tang V, Choy K L, Ho G T S, et al. An IoMT-based geriatric care management system for achieving smart health in nursing homes[J]. Industrial Management & Data Systems, 2019.

[65] V Hirth, J Baskins, M Dever-Bumba. Program of all-inclusive care (PACE): past, present, and future [J]. Journal of the American Medical Directors Association, 2009, 10(3): 155-160.

[66] WANG B, XU M, WU Q. Status Quo and Countermeasures for Developing Institutions Combining Old-Age Care and Medical Care in Guangxi[J]. Chinese General Practice, 2018, 21(30): 3741.

[67] Wang J, Wang Y, Cai H, et al. Analysis of the status quo of the elderly's demands of medical and elderly care combination in the underdeveloped regions of Western China and its influencing factors: a case study of Lanzhou[J]. BMC geriatrics, 2020, 20(1): 1-17.

[68] Wang K H C, Lin J H, Chen H G. Explore the needs of the elderly with social awareness[J]. Educational Gerontology, 2019, 45(5): 310-323.

[69] Wang L, Tang Y, Roshanmehr F, et al. The Health Status Transition and Medical Expenditure Evaluation of Elderly Population in China[J]. International Journal of Environmental Research and Public Health, 2021, 18(13): 6907.

[70] Wang N, Li P. A new multi-granularity probabilistic linguistic two-sided matching method considering peer effect and its application in pension services[J]. International Journal of Machine Learning and Cybernetics, 2022: 1-20.

[71] Wang Y, Qi C. Multi-dimensional accessibility barriers in care services for the rural elderly with disabilities: a qualitative study in China[J]. International Journal of Environmental Research and Public Health, 2021, 18(12): 6373.

[72] Wei Y, Zhang L. Analysis of the influencing factors on the preferences of the elderly for the combination of medical care and pension in long-term care facilities based on the andersen model[J]. International Journal of Environmental Research and Public Health, 2020, 17(15): 5436.

[73] Wen Z, Liao H. Pension service institution selection by a personalized quantifier-based MACONT method[J]. International Journal of Strategic Property Management, 2021, 25(6): 446 – 458.

[74] Wen-jie, Y. A. N. G., Research on the Combined Service Mode of Medical Care and Old Age Care with Chinese Characteristics[J]. Journal of Hebei University (Philosophy and Social Science), 2017, 42(5), 138.

[75] Wenyi L. Involvement of social workers in the community service provision system for the older people in urban China[J]. Australian Social Work, 2021, 74(4): 448-463.

[76] Werblow, A., Felder, S., Zweifel, P. Population ageing and health care

expenditure: a school of 'red herrings'? [J]. Health economics, 2007, 16(10): 1109-1126.

[77] Wu C, Gao L, Chen S, et al. Care services for elderly people with dementia in rural China: a case study[J]. Bulletin of the World Health Organization, 2016, 94(3): 167.

[78] Xia C. Community-based elderly care services in China: An analysis based on the 2018 wave of the CLHLS Survey[J]. China Population and Development Studies, 2020, 3(4): 352-367.

[79] Xiao J, Shi Z, Fang Y. Association between disability trajectory and health care service utilization among older adults in China[J]. Journal of the American Medical Directors Association, 2021, 22(10): 2169-2176. e4.

[80] Xu Q, Chow J C. Exploring the community-based service delivery model: Elderly care in China[J]. International Social Work, 2011, 54(3): 374-387.

[81] Yang L, Wang L, Di X, et al. Utilisation of community care services and self-rated health among elderly population in China: a survey-based analysis with propensity score matching method[J]. BMC public health, 2021, 21(1): 1-11.

[82] Zaccaro S J, Horn Z N J. Leadership theory and practice: Fostering an effective symbiosis[J]. The Leadership Quarterly, 2003, 14(6): 769-806.

[83] Zeng F, Chen T L. A study of the acceptability of smart homes to the future elderly in China[J]. Universal Access in the Information Society, 2022: 1-19.

[84] Zhang J, Li D, Gao J. Health disparities between the rural and urban elderly in China: a cross-sectional study[J]. International Journal of Environmental Research and Public Health, 2021, 18(15): 8056.

[85] Zhang J, Xu X, Yang L M, et al. Met and unmet care needs of home‐living people with dementia in China: An observational study using the Camberwell Assessment of Need for the Elderly[J]. Geriatrics & Gerontology International, 2021, 21(1): 102-107.

[86] Zhang J, Zhang Y, Yu X, et al. The China-characteristic policy transfer: A case of establishing long-term care insurance[J]. International Journal of Public Administration, 2022, 45(13): 981-990.

[87] Zhang J, Wang Z, Lin L, et al. Determinants of preference for future living arrangement in disabled elders: a cross‐sectional study of elderly residents in

Kunshan, China[J]. Psychogeriatrics, 2022, 22(3): 324-331.

[88]Zhang Q, Li M, Wu Y. Smart home for elderly care: development and challenges in China[J]. BMC geriatrics, 2020, 20(1): 1-8.

[89]Zhu H. Research on the Supply and Demand of Long-term Care for Disabled Elderly in Hohhot Under the Background of Combination of Medical Care and Nursing[J]. Studies in Social Science & Humanities, 2022, 1(1): 1-7.

二、中文文献

[1]刘文红,彭嘉琳.护理服务推动"医养结合"养老模式发展[J].中国护理管理,2015(8):1023-1024.

[2]睢党臣,彭庆超."白发浪潮"下我国医养结合养老服务的发展困境与对策研究[J].宁夏社会科学,2016(4):134-141.

[3]白治繁,沈军.医养结合养老机构老年人抑郁、孤独与认知功能现状及其影响因素[J].解放军护理杂志,2018(18):7-12.

[4]包世荣.国外医养结合养老模式及其对中国的启示[J].哈尔滨工业大学学报(社会科学版),2018(2):58-63.

[5]陈成文,黄利平,陈建平.从"制度阻滞"看推动城市"医养结合"发展的制度建设方向[J].湖南社会科学,2018(4):69-76.

[6]陈东升.长寿时代的理论与对策[J].管理世界,2020(4):66-86+129.

[7]陈俊峰,王硕.城市"医养结合"型养老存在的问题及其解决途径——以合肥市为例[J].城市问题,2016(6):92-97.

[8]陈坤,李士雪.医养结合养老服务模式可行性、难点及对策研究[J].贵州社会科学,2018(4):65-70.

[9]陈娜,王长青.基于社会交换理论的医养结合服务共同体探索与实践[J].中国老年学杂志,2015(22):6596-6598.

[10]程亮.医养融合:养老机构发展新路径探究[J].中州学刊,2015(4):78-82.

[11]崔树义,田杨.养老机构发展"瓶颈"及其破解——基于山东省45家养老机构的调查[J].中国人口科学,2017(2):115-125.

[12]崔树义,杨素雯.健康中国视域下的"医养结合"问题研究[J].东岳论丛,2019(6):42-51.

[13]戴卫东.长期护理保险的"中国方案"[J].湖南师范大学社会科学学报,2017(3):

107-114.

[14] 邓大松，李玉娇．医养结合养老模式：制度理性、供需困境与模式创新[J]．新疆师范大学学报（哲学社会科学版），2018(1)：107-114．

[15] 丁建定，樊晴晴．SWOT分析视角下城镇失能老人医养结合服务模式研究[J]．社会保障研究，2017(4)：14-20．

[16] 董红亚．养老服务视角下医养结合内涵与发展路径[J]．中州学刊，2018(1)：59-64．

[17] 杜佳敏，谢红．标准化护理语言的应用进展及其应用于养老护理的可行性分析[J]．中华护理杂志，2017(7)：874-878．

[18] 杜鹏，王雪辉．"医养结合"与健康养老服务体系建设[J]．兰州学刊，2016(11)：170-176．

[19] 杜少英．"医养结合"养老模式的障碍及破解[J]．人民论坛，2018(33)：64-65．

[20] 封铁英，南妍．医养结合养老模式实践逻辑与路径再选择——基于全国养老服务业典型案例的分析[J]．公共管理学报，2020(3)：113-125．

[21] 冯臻，国云丹．中国未来养老地产发展的研究与探索——基于长三角地区养老需求调查的实证研究[J]．兰州学刊，2014(9)：122-128．

[22] 付诚，韩佳均．医养结合养老服务业发展对策研究[J]．经济纵横，2018(1)：28-35．

[23] 高小芬，于卫华．医养结合老年科患者自理能力与分级护理、护理时间的相关性研究[J]．中国护理管理，2014(3)：249-253．

[24] 高小芬，于卫华．医养结合养老模式下我国长期护理分级制度的不足与建议[J]．护理学杂志，2014(11)：71-73．

[25] 葛延风，王列军，冯文猛，等．我国健康老龄化的挑战与策略选择[J]．管理世界，202(4)：86-96．

[26] 耿爱生，王珂．英国"医养结合"的经验与启示[J]．华东理工大学学报（社会科学版），2016(5)：87-94．

[27] 耿爱生．中国医养结合政策研究[J]．中州学刊，2018(6)：68-73．

[28] 耿爱生．养老模式的变革取向："医养结合"及其实现[J]．贵州社会科学，2015(9)：101-107．

[29] 郭东，李惠优，李绪贤，等．医养结合服务老年人的可行性探讨[J]．国际医药卫生导报，2005(21)：45-46．

[30] 韩喜平，陈茉．我国养老产业PPP项目运作面临的问题及对策[J]．经济纵横，2018(4)：81-86．

[31] 郝涛, 商倩, 李静. PPP模式下医养结合养老服务有效供给路径研究[J]. 宏观经济研究, 2018(11): 44-53.

[32] 何寿奎. 社会资本参与医养结合项目面临的问题与治理路径研究[J]. 当代经济管理, 2018(11): 53-59.

[33] 胡雯. 健康中国背景下机构改革助力医养结合发展的方案构想[J]. 行政管理改革, 2019(2): 48-56.

[34] 华颖. 健康中国建设: 战略意义、当前形势与推进关键[J]. 国家行政学院学报, 2017(6): 105-111.

[35] 华中生, 刘作仪, 孟庆峰, 等. 智慧养老服务的国家战略需求和关键科学问题[J]. 中国科学基金, 2016(6): 535-545.

[36] 黄佳豪, 孟昉. "医养结合"养老模式的必要性、困境与对策[J]. 中国卫生政策研究, 2014(6): 63-68.

[37] 黄剑锋. 中国长三角区域智慧养老政策比较研究——基于主体-目标-工具的政策计量分析[J]. 信息资源管理学报, 2020(6): 122-134.

[38] 黄健元, 杨琪, 王欢. 我国养老服务体系发展: 从医养结合到整合照护[J]. 中州学刊, 2020(11): 86-91.

[39] 姜磊, 陈星宇, 朱竑. 中国城市养老院的空间分布特征及其分异成因[J]. 地理学报, 2021(8): 1951-1964.

[40] 焦解歌, 宋艳, 杨秀英. 校企合作建立医养结合基地的标准化探讨[J]. 中国高校科技, 2017(7): 74-76.

[41] 李丹, 李丽萍. 社区医养结合养老服务高质量供给研究[J]. 中州学刊, 2022(3): 59-66.

[42] 李丽珠, 郝伟平, 袁国萍. "医养融合"老年护理改革的实践与发展[J]. 中国护理管理, 2014(6): 656-658.

[43] 李秀明, 冯泽永, 成秋娴, 等. 重庆市主城区老年人医养结合需求情况及影响因素研究[J]. 中国全科医学, 2016(10): 1199-1203.

[44] 李长远, 张举国. 我国医养结合养老服务的典型模式及优化策略[J]. 求实, 2017(7): 68-79.

[45] 李长远. 社区居家医养结合养老服务模式的比较优势、掣肘因素及推进策略[J]. 宁夏社会科学, 2018(6): 161-167.

[46] 李珍. 关于完善老年服务和长期护理制度的思考与建议[J]. 中国卫生政策研究, 2018

(8): 1-7.

[47]林闽钢."系统集成、协同高效"的社会保障制度改革——以长三角社会保障一体化为例[J].社会保障评论,2022(3):34-43.

[48]刘桂海,范雨琪,刘章生.医养结合如何影响民营养老机构的服务效率?——来自北京市的证据[J].管理评论,2020(12):295-306.

[49]刘金玲,沈勤,季聪华.杭州市家庭型医养护一体化服务内容的研究[J].中华护理杂志,2017(3):359-364.

[50]刘清发,孙瑞玲.嵌入性视角下的医养结合养老模式初探[J].西北人口,2014(6):94-97.

[51]刘诗洋,刘梦,桂玥,等.北京市医养结合养老机构的发展问题与对策[J].中国全科医学,2016(33):4034-4038.

[52]刘亚娜.我国医养结合养老服务政策网络与耦合协同[J].中国行政管理,2018(8):53-58.

[53]刘西华,骆金铠.法国医养结合模式对我国养老体系建设的启示[J].中国护理管理,2016(7):930-933.

[54]龙飞,戴学锋,张书颖.基于L-R-D视角下长三角地区民宿旅游集聚区的发展模式[J].自然资源学报,2021(5):1302-1315.

[55]栾文敬,郭少云,王恩见,等.府际合作治理视域下医养结合部门协同研究[J].西北大学学报(哲学社会科学版),2018(3):64-73.

[56]罗军飞,廖小利.社会治理视角下我国养老服务体系建设研究[J].广西社会科学,2016(4):144-149.

[57]罗治安,罗清平,罗云,等.养老机构老年人康复服务现状及对康复人才需求的调查研究[J].中国康复医学杂志,2018(9):1081-1086.

[58]马姗伊,李阳.医养结合养老服务模式与中国养老现实的契合[J].税务与经济,2016(6):25-29.

[59]马伟玲,王俊华.我国医养结合养老服务试点进展、存在问题及国家治理研究[J].苏州大学学报(哲学社会科学版),2017(3):24-31.

[60]马驭,秦光荣,何晔晖,等.关于应对人口老龄化与发展养老服务的调研报告[J].社会保障评论,2017(1):8-23.

[61]孟颖颖.我国"医养结合"养老模式发展的难点及解决策略[J].经济纵横,2016(7):98-102.

[62]牟春兰.社会力量发展医养结合的PPP模式及对策分析[J].西北人口,2018(2):105-111.

[63]宁余音.老龄化社会养老照护服务体系建设的政策选择[J].学术论坛,2016(11):121-125.

[64]潘屹.长期照护保障体系框架研究——以青岛市长期医疗护理保险为起点[J].山东社会科学,2017(11):72-79.

[65]祁峰,祁丙观.我国医养融合型机构养老服务的制约因素及推进思路[J].经济纵横,2017(1):52-56.

[66]曲顺兰,王雪薇.乡村振兴战略背景下农村养老服务研究新趋势[J].经济与管理评论,2020(2):26-35.

[67]曲夏夏.社区医养结合影响老年人养老获得感的理论依据及验证方法[J].山东社会科学,2019(12):107-111.

[68]邵德兴.医养护一体化健康养老模式探析:以上海市佘山镇为例[J].浙江社会科学,2014(6):87-92.

[69]宋澜,王超.从覆盖到发展:医养结合养老模式三步走战略[J].求实,2016(9):62-69.

[70]宋悦,吕康银,王丽娜.新常态下我国养老模式的创新[J].税务与经济,2019(2):21-28.

[71]苏昌贵,魏晓,刘雨婧,等.产业融合视域下健康养老产业发展研究——以郴州市为例[J].经济地理,2018(1):135-141.

[72]睢党臣,彭庆超."白发浪潮"下我国医养结合养老服务的发展困境与对策研究[J].宁夏社会科学,2016(4):134-141.

[73]孙鹃娟,田佳音.新健康老龄化视域下的中国医养结合政策分析[J].中国体育科技,2020(9):58-65.

[74]孙中伟,王溶,梁立宾.从"劳动权"到"市民权":"福利三角"视角下农民工养老保险参与意愿[J].华南师范大学学报(社会科学版),2014(3):108-117.

[75]唐钧.关于医养结合和长期照护服务的系统思考[J].党政研究,2016(3):122-127.

[76]特木钦.长三角一体化下养老服务区域融合研究[J].宏观经济管理,2019(8):51-58.

[77]田杨,崔树义,杨素雯.养老机构扶持政策实施效果研究——基于山东省45家养老机构的调查分析[J].山东大学学报(哲学社会科学版),2018(3):79-89.

[78]同春芬,王珊珊.社区卫生、环境支持与养老机构合作模式[J].重庆社会科学,2017

(4)：75-82.

[79] 汪连杰. "银发浪潮"背景下全面推行医养结合养老模式问题研究[J]. 晋阳学刊, 2017 (4)：131-139.

[80] 汪连新, 黄秀莲. 医养结合视角下社区养老服务对策[J]. 学术交流, 2020(11)：143-152.

[81] 汪三贵, 张梓煜. 协同赋能：农村失能老人养老服务供给研究[J]. 湖南农业大学学报(社会科学版), 2022(1)：9-15.

[82] 王成利, 王洪娜. 医养融合养老：供给途径、实践困境与政府责任——基于公共产品理论的视角[J]. 东岳论丛, 2017(10)：37-44.

[83] 王皓田. "软硬"兼施促进医养结合养老服务发展[J]. 宏观经济管理, 2019（7）：34-38.

[84] 王红漫. 重视中国老年人群健康状况推进健康老龄化国家战略[J]. 中华流行病学杂志, 2019(3)：259-265.

[85] 王洪娜. 医养结合养老机构服务效率及其影响因素——基于山东省226家医养结合养老机构数据分析[J]. 重庆社会科学, 2020(5)：129-140.

[86] 王会儒, 姚忆. "传统养生体育＋医疗＋养老"的老年健康干预模式构建[J]. 中国体育科技, 2017(3)：8-13.

[87] 王黎, 雷洋, 孙兆元, 等. 养老机构失能老人护理服务内容及实施者资质的研究[J]. 中华护理杂志, 2014(11)：1285-1289.

[88] 王明华, 刘珍, 李楠竹. 中国养老产业发展走势总体判断及政策导向[J]. 财经问题研究, 2017(4)：28-34.

[89] 王浦劬, 雷雨若, 吕普生. 超越多重博弈的医养结合机制建构论析——我国医养结合型养老模式的困境与出路[J]. 国家行政学院学报, 2018(2)：40-51.

[90] 王维, 刘燕丽. 农村养老服务体系的整合与多元建构[J]. 华南农业大学学报(社会科学版), 2020(1)：103-116.

[91] 王雯. 推行"医养结合"养老服务模式的必要性、难点和对策[J]. 中国老年学杂志, 2016(10)：2538-2540.

[92] 王希晨, 吕欣桐, 周令, 等. 医养结合视角下养老护理员培训相关研究进展[J]. 中国护理管理, 2016(10)：1380-1384.

[93] 王向南. 基于供给侧改革的养老服务业体系重构：一种治理的视角[J]. 税务与经济, 2016(4)：28-32.

[94] 王晓迪,俞春江,瞿先国,等.治理视阈下公民参与"健康中国 2030"战略的实施路径[J].中国卫生政策研究,2017(5):39-44.

[95] 王彦斌.欠发达地区农村医养结合养老服务体系构建[J].探索,2017(6):153-159.

[96] 王阳,田帆,范宁玥,等.老年人对医养结合型医疗机构的认知、入住意愿及支付意愿——基于成都市的实证分析[J].中国卫生政策研究,2017(8):18-22.

[97] 王玉芬.探索医养结合模式的政策思考[J].开放导报,2016(3):75-80.

[98] 王长青,毛鹏远,陈娜,等.医养结合资源的多重整合[J].学海,2016(6):43-47.

[99] 吴宾,刘雯雯.中国养老服务业政策文本量化研究(1994~2016 年)[J].经济体制改革,2017(4):20-26.

[100] 吴炳义,李娟,马晨.医养结合养老机构老年人医疗服务评价及影响因素分析——基于山东省的实证研究[J].中国卫生政策研究,2016(6):51-55.

[101] 吴宏洛.论医疗保险制度设计对失能老人的救助功能——基于医养结合长期照护模式的考察[J].福建师范大学学报(哲学社会科学版),2014(2):23-29.

[102] 向平萍,尹广文."医养结合"难在哪,如何走得更好[J].人民论坛,2017(9):70-71.

[103] 向运华,姚虹.少数民族地区城市社区养老的现状与发展对策——以恩施市为例[J].云南民族大学学报(哲学社会科学版),2016(2):63-67.

[104] 谢红.医养结合相关概念及政策分析[J].中国护理管理,2018(5):577-581.

[105] 熊亮,陈岳堂.失独家庭"社区+"差异化服务模式研究——基于长三角地区的经验[J].南通大学学报(社会科学版),2017(4):31-36.

[106] 徐宏,江伊诺.老年残疾人"医养结合"养老服务模式的实践困境与出路[J].湖南科技大学学报(社会科学版),2017(3):102-108.

[107] 严妮.城镇化进程中空巢老人养老模式的选择:城市社区医养结合[J].华中农业大学学报(社会科学版),2015(4):22-28.

[108] 阎志强.城市老年人的机构养老意愿及其影响因素——基于 2017 年广州老年人调查数据的分析[J].南方人口,2018(6):58-65+57.

[109] 阳义南.社会保障支持衔接机构型医养结合服务及其"梗阻"破除[J].华中科技大学学报(社会科学版),2021(5):19-26.

[110] 杨嘉莹.结构性嵌入:医养结合在社区居家养老中的实践逻辑[J].哈尔滨工业大学学报(社会科学版),2017(5):60-65.

[111] 杨哲."医养融合"养老服务:概念内涵、掣肘因素及推动路径[J].现代经济探讨,

2016(10)：25-29.

[112] 叶响裙. 基于城乡社会养老服务发展实践的思考[J]. 中国行政管理, 2017(9)：151-154.

[113] 易艳阳. 医养结合型养老社区：内涵逻辑、实践困囿与优化方略[J]. 内蒙古社会科学, 2020(1)：139-145.

[114] 于潇, 包世荣. 健康中国背景下医养结合养老模式研究[J]. 社会科学战线, 2018(6)：271-275.

[115] 张博. "互联网+"视域下智慧社区养老服务模式[J]. 当代经济管理, 2019(6)：45-50.

[116] 张歌. 居家养老服务资金渠道及作用机制的经济学分析[J]. 统计与决策, 2017(13)：63-66.

[117] 张世青, 王文娟, 陈岱云. 农村养老服务供给中的政府责任再探——以山东省为例[J]. 山东社会科学, 2015(3)：93-98.

[118] 张拓红. 人口老龄化对健康服务体系的影响[J]. 北京大学学报(医学版), 2015(3)：380-383.

[119] 张韬. 健康老龄化背景下医养结合服务模式探析——以中国红十字会医养护"三位一体"实践为例[J]. 中国特色社会主义研究, 2017(2)：93-97.

[120] 张卫, 马岚, 后梦婷, 等. 长三角一体化与区域养老融合发展机制研究[J]. 现代经济探讨, 2018(4)：80-87.

[121] 张晓杰. 医养结合养老创新的逻辑、瓶颈与政策选择[J]. 西北人口, 2016(1)：105-111.

[122] 张莹, 刘晓梅. 结合、融合、整合：我国医养结合的思辨与分析[J]. 东北师大学报(哲学社会科学版), 2019(2)：132-138.

[123] 赵晓芳. 健康老龄化背景下"医养结合"养老服务模式研究[J]. 兰州学刊, 2014(9)：129-136.

[124] 郑函, 王梦苑, 赵育新. 我国"医养结合"养老模式发展现状、问题及对策分析[J]. 中国公共卫生, 2019(4)：512-515.

[125] 郑研辉, 郝晓宁. 社区医养结合服务模式比较研究[J]. 兰州学刊, 2021(1)：201-208.

[126] 周正柱, 周鹃. 长三角区域劳动力市场一体化发展的问题分析与建议[J]. 财政科学, 2022(2)：52-65.

[127]朱孔来,朱孟斐,姜文华.对医养结合模式的实践探索和对策建议[J].山东社会科学,2020(7):132-137.